La Voz
de SU LLAMADO

El arte de escuchar y
seguir Su propósito

GABRIELA AMAYA

Editorial *Güipil*

Para otros materiales, visítanos en:
EditorialGuipil.com

Editorial Güipil

Editorial Güipil. Primera edición 2022
www.EditorialGuipil.com

ISBN: 978-1-953689-51-1

Categorías: Crecimiento Personal / Vida cristiana / Inspiración

Dedicatoria

A Dios, mi Señor, por su gracia y favor al permitirme cumplir este sueño, y mover cada cosa de manera sobrenatural, como solo Él sabe hacerlo. A Él sea la gloria en todo y por todo.

A mi maravilloso e incomparable esposo, Ricardo Amaya, por su amor y apoyo incondicional; por ser quien más creyó en mí y en este proyecto, y por siempre tener una palabra que me alienta. Cuando quise darme por vencida, tus brazos siempre me animaron y me levantaron. Te amo y amaré toda mi vida, mi amor.

A mis hermosos hijos, Valery e Ian, por convertirse por momentos en papás de su hermanita pequeña, Gianna, para que yo pudiera trabajar en este libro, y por tantas cosas que hicieron por mí; por tenerme paciencia y con tanto amor motivarme a hacer esto posible. Ustedes siempre serán mi mayor motivación.

A mi pequeña Gianna, que ha sido en este tiempo un bálsamo de alegría y amor de Dios a mi vida. Los amo incansablemente y para siempre.

Agradecimientos

Gracias a Dios, por su sobrenatural favor al permitirme realizar este proyecto; porque Él pone las personas, las formas y los tiempos perfectos para que podamos cumplir parte de Sus propósitos.

Gracias a mi esposo e hijos por su apoyo incondicional, y por ser mi más grande ánimo en este sueño; por poner de su tiempo y esfuerzo junto a mí. No podré pagar todo lo que ustedes hacen por mí. Gracias por apoyarme en esto que para algunos parecía una locura, porque cuando para otros era un proyecto que no podría realizar, para ustedes fue un reto que podríamos lograr juntos. Y lo hicimos. Sola no hubiera podido.

Gracias a mi familia y amigos que creyeron en mí y me apoyaron.

Gracias a todas aquellas personas que siempre han estado para respaldarme, animarme y creer en mis proyectos, aunque parezcan inalcanzables. Agradezco a quienes, de una manera u otra, aportaron para que este libro se hiciera una realidad. Sin necesidad de poner nombres, ellos saben quiénes son, y agradezco enormemente que hayan puesto su corazón en mí y este libro.

Gracias a la Iglesia FHLC, por el aprecio y por ser en este momento mi escuela y el lugar donde Dios continúa formándome. Les amo y les bendigo en el nombre de Jesús.

Contenido

Introducción

Escuchar, un arte que todos deberíamos pintar cada día. La virtud de guardar silencio para escuchar, haría de este mundo un lugar con más espacio para que los planes y propósitos de Dios se cumplan en la vida de cada hombre y mujer por quienes Él dio Su vida a precio de sangre. Escuchar se convierte en todo un arte, sobre todo cuando se trata de escuchar la voz de Dios en medio de un mundo lleno de ruido, un ruido que fácilmente te envuelve, te aturde y te hace perder el enfoque de lo verdaderamente importante.

He aprendido de maneras dulces, pero también de otras muy amargas, que la única manera de entender los propósitos de Dios para nuestra vida es guardando silencio para escuchar Su voz. Primero necesitamos dejar de hablarle de nuestros planes, mantenernos callados, y dejar que Él nos cuente los Suyos. Te aseguro que son más interesantes y grandiosos que los nuestros.

Siendo una joven de dieciséis años, no me fue sencillo dejar de escuchar todo el ruido a mi alrededor y dejar de hablar por un momento para escuchar la voz de Dios llamándome por mi nombre. Aunque Dios trató de maneras fuertes conmigo, puedo decir que, aunque para muchos puede parecer locura, pude escuchar Su voz. Cuando por fin logré hacerlo, fue la más resonante y hermosa melodía que han escuchado mis oídos. Escuché el llamado de Dios y aunque al principio, en resistencia, tuve temor, dudas mil, inseguridades, y una incertidumbre tremenda, me aventuré a descubrir ese llamado y decidí obedecer. Ningún llamado es sencillo, trae consigo sufrimientos, pero aún así, puedo decir que el honor más grande que un ser humano puede tener es el ser escogido por el Creador para una asignación especial en esta tierra.

Quiero compartirte un poco de mi historia y cómo es que en medio de un mundo que rechaza a Dios constantemente, Él aún sigue hablando. Me habló, y estoy segura de que también te está hablando a ti. Guarda silencio, abre tus ojos y sobre todo tus oídos, y escucharás Su voz, dándote instrucción y aliento, y confirmando tu llamado.

Oro para que, en algún lugar de este libro, encuentres una palabra que tu corazón necesita para dejar todo temor y correr a tu llamado sin demora. Aquel que nos escogió, nos llama, y aunque el camino no sea fácil, te aseguro que Sus brazos de amor nos darán fuerza para cada día, y jamás nos dejarán caer.

CAPÍTULO 1
NO TE RESISTAS AL LLAMADO DE DIOS

«No me elegisteis vosotros a mí, sino que yo os elegí a vosotros, y os he puesto para que vayáis y llevéis fruto, y vuestro fruto permanezca; para que todo lo que pidiereis al Padre en mi nombre, él os lo dé.» San Juan 15:16

¿Cuánto has tenido que pasar para llegar a donde estás hoy? ¿Cuál ha sido el precio que has tenido que pagar para poder entender el llamado que Dios te ha hecho? y ¿cuánto te ha costado permanecer en ese llamado, sin mirar atrás?

Si te preguntara, si has pasado por fuego, has caminado en aguas profundas a punto de ahogarte, has enfrentado tormentas o has sentido que caerías en un abismo profundo; estoy segura de que tu respuesta sería: «Sí, claro que he pasado por todo eso».

Todos hemos pasado grandes dificultades. Yo entiendo muy bien lo que eso significa, también he tenido todas esas sensaciones; junto a mi familia hemos pasado grandes tormentas que nos han hecho desmayar, pero aun así nos hemos mantenido de pie, viendo los frutos de nuestro trabajo.

Muchas veces le he preguntado a Dios, si es necesario pasar por todos esos procesos dolorosos, para llegar a un destino; y la respuesta siempre es la misma: «Sí, es necesario». Los procesos difíciles son parte esencial de la vida, para formarte y llevarte a donde Dios ha planeado.

Faith, Hope and Love Center, en la ciudad de Hollister, CA., es la iglesia que hoy, mi esposo, Ricardo Amaya, y yo pastoreamos, por la gracia de Dios. Este ha sido nuestro destino en estos últimos siete años. Pero antes de llegar aquí, el camino fue largo y doloroso; después de una escuela de muchos años, donde el Señor nos estuvo preparando, estamos en el lugar donde cumpliremos parte de su propósito; y aunque no sabemos por cuánto tiempo más nos quiere en este lugar, entendemos que nuestro llamado depende de Él y que Su voluntad nos mantiene hoy aquí.

Siempre he creído que mi destino es el resultado de lo que creí y forjé ayer; y mi destino mañana, será el resultado de lo que creo y trabajo hoy. Todo por lo que trabajas siempre tendrá un proceso que incluye pasar por el fuego y cruzar tormentas que en ocasiones te harán sentir que no llegarás. Pero déjame decirte que, si no te rindes, a pesar de todo, llegarás.

Las batallas de la vida no son para nada fáciles, sobre todo cuando se trata de un llamado divino que llega en el momento que no esperabas.

Imagina un llamado de Dios a una adolescente de dieciséis años, como fue mi caso, la edad en la que uno cree que puede comerse el mundo a pedazos. Puedes pensar en las respuestas de una adolescente, cuando sus papás le hacen un llamado para hacer algún trabajo especial, mientras está atendiendo cosas propias de esa edad. Estas serían algunas de las respuestas de un joven de dieciséis: «¿Por qué yo?, ¿por qué no mandas a alguno de mis hermanos?», «Tengo mucha tarea. Estoy muy cansado», «¿Qué me darás a cambio de hacer lo que me pides?», «No tengo ganas de hacerlo. Déjame en paz.». O tal vez haga lo que se le pide, pero en una actitud de enojo, desafiante y con malhumor.

Así me puse yo cuando recibí un llamado de Dios a servirle. Todos esos cuestionamientos los hice uno por uno, y entonces comenzó la discusión con Dios y al mismo tiempo, la aventura de mi vida en este camino al cumplimiento de un llamado.

La gente que me conoce puede pensar que me fue sencillo correr al llamado de Dios, pero no fue así. Comenzó una lucha tremenda en mi interior porque, aunque amaba a Dios profundamente y mi deseo era servirle, no contaba con que mis planes eran muy diferentes a los que Él tenía para mí. Y sumado a todo esto, la terquedad y el orgullo típico de un adolescente de mi edad, hizo más difícil la travesía.

Me había mudado del pueblo a la ciudad para terminar mi ultimo año de preparatoria, y la escuela estaba a casi una hora de distancia, por lo que tenía que tomar dos autobuses para llegar hasta ella. Rápido me di cuenta de que el segundo camión que tomaba, hacía una parada justo en frente del Instituto Bíblico Bethsaida, y recuerdo la primera vez que la vi sentí una emoción muy linda, porque pensaba dentro de mí: «Qué lindo que hay gente que viene a prepararse para servir mejor en el reino de Dios». Pasaban los días, y cada vez que el autobús hacía esa parada, mi corazón palpitaba y en vez de solo pensar con admiración en las personas estudiaban allí, comencé a preguntarme: «¿Por qué no entro allí también?» Mi corazón quería salirse de mi y llegar allí adentro, y comencé a creer que no había sido una casualidad que mi escuela quedara tan lejos. Recordaba que mi pastor siempre nos decía que para los que creemos en Dios, las casualidades no existen. Entre curiosidad y un poco de incertidumbre, me preguntaba: «¿Y si después de terminar la preparatoria entro a la escuela bíblica?» A lo cual yo misma me respondía: «No, tengo que seguir adelante con tus estudios universitarios, ser una gran psicóloga y así también podré ayudar a otros».

Siempre me gustó mucho servir en la iglesia, en cualquier cosa que me pidieran.

Conocí al Señor a los nueve años, a los doce le entregué mi vida y a los catorce me bauticé, así que comencé a servir desde esa edad en la limpieza, en la alabanza, en lo que me necesitaran; pronto estaba dándole clases dominicales a los niños y después como líder de los jóvenes. Y aunque estaba muy involucrada dentro del trabajo de la iglesia, dentro de mi corazón, sentía que había algo más. Siempre le decía al Señor: «Úsame como tú quieras, yo quiero servirte». En mi interior estaba sintiendo un llamado fuerte de parte de Dios. Era algo más allá de mis sueños e ideales.

A muchos nos cuesta entender que los planes de Dios, la mayoría de las veces, son muy contrarios a los nuestros.

Yo estaba más que lista para continuar mis estudios en la universidad y ser una gran profesionista, y mi deseo era proclamar el evangelio de Cristo por medio de mi carrera. Por supuesto que eso era bueno, pero no eran los planes que Dios tenía para mí. Comencé a sentir un profundo deseo por prepararme para ir a la escuela bíblica, y había en mi ser algo que me decía que esos eran los planes de Dios, pero yo tenía mi vida planeada en mi cabeza, así que entre en un estado de resistencia. Ni si quiera tenía claro cuál era el llamado que Dios me estaba haciendo, pero era evidente que el fuego que ardía en mi interior no era por mi buen deseo de servir, sino que venía del Espíritu Santo que quería confirmarme el llamado.

¿Cómo podría una adolescente de dieciséis años decir que «sí» tan fácilmente a algo que deshacía sus sueños e ilusiones? En mi lógica, no tenía una buena razón para dejar mis planes. Me preguntaba una y otra vez si de verdad Dios, que decía amarme tanto, me impediría cumplir esos planes y esas metas que yo ya me había trazado. Es cierto, siempre le decía al Señor que me usara como Él quisiera, pero cuando pude escuchar Su voz y me dijo que me preparara para servirle, jamás imaginé que eso implicara hacer a un lado mis sueños. Ahora ya no estaba tan dispuesta.

Pero eso que había en mi corazón era tan fuerte que me perseguía de día y de noche. Cuando pasaba por la escuela bíblica cada día, prefería no voltear más y agachaba mi cabeza, o me ponía a leer cualquier libro para distraerme de eso en el camino, simplemente quería evadir cualquier cosa que tuviera que ver con el llamado. Incluso llegué a decirme a mí misma: «¿Por qué le pregunté a Dios en qué quería que le sirviera?»

Cuando hacemos la pregunta: «¿En qué quieres que te sirva?», obviamente esperamos la respuesta. Es increíble cómo Dios se toma tan en serio cuando haces esta interrogante; me imagino que Él está listo para darte una asignación especial. Quisiéramos que Sus planes y propósitos se alinearan a los nuestros, pero cuando nos damos cuenta de que no se parecen en nada, viene la desilusión y entonces, como en mi caso, la resistencia.

Después de todo este proceso, mientras iba y venía a la escuela y sentía ese fuego en mi corazón, me resistí a creer que el Señor me estaba haciendo un llamado; así que, aun con todo lo que sentía, me preparé para hacer el examen de admisión a la universidad. Puedo decir que fui una buena estudiante, así que estaba muy confiada en mi inteligencia y casi aseguraba que pasaría sin ningún problema. Salí muy contenta porque me pareció sencillo, y cuando llegó el día de los resultados, fui a revisar las listas y pensé: «Si estoy en la lista es porque Dios me está dando luz verde para continuar mis planes; pero si mi nombre no está, entonces entenderé que Dios me esta moviendo a cumplir los suyos».

No puedo explicar en palabras lo que sentía en ese momento. Cuando leí la lista y vi que mi nombre no estaba en ella, sentí una desilusión grande; no podía creerlo, estaba segura de que había respondido bien cada pregunta. Mi corazón comenzó a luchar, porque entendí que era la señal que le había pedido a Dios, y Él la había confirmado. Eran tantas cosas las que sentía en ese momento, la desilusión, la frustración, incertidumbre y hasta un poco de tristeza. Aunque en el fondo de mi ser sabía que los planes de Dios serían mejor que los míos, me dolía dejar mis propósitos y sueños por otros que aún no tenía claros. Mi carne se resistía al llamado, aunque mi corazón y mi espíritu ya lo reconocían.

Mi desilusión era muy grande, pero después de esta experiencia no decidí entrar a la escuela bíblica. Quise tomar un año sabático para averiguar si el llamado era real y hacia dónde Dios me quería llevar. Así que, traté de dejar a un lado el orgullo y comencé a pedir señales que me confirmaran su llamado.

Qué interesante es encontrar en la Biblia, historia de hombres que también se resistían al llamado de Dios.

Moisés, por ejemplo, fue un hombre de origen

hebreo, pero criado con una familia de un rey egipcio. Él no soportaba la injusticia y quería ver libres a los esclavos; pero jamás imaginó que él sería el instrumento para que eso fuera posible. Dios lo llamó mientras él estaba trabajando (porque Dios nunca llama a alguien ocioso), el Señor llamó su atención por medio de la zarza ardiente (Éxodo 3:2-5). Moisés escuchó su nombre y maravillado respondió:

—Heme aquí.

Esta es una declaración de disponibilidad. Moisés estaba esperando la instrucción de Dios, pero después de escucharla y darse cuenta que era una asignación tan especial y de tan grande responsabilidad, entonces vino la resistencia, y preguntó:

—¿Quién soy yo? ¿Cómo voy a ir al Faraón?

Dejando en evidencia que no se sentía capaz de cumplir semejante llamado; pero Dios animó a Moisés, prometiéndole que no lo dejaría solo, sino que siempre estaría con él (Éxodo 3:12).

Muchos llamados a grandes hombres de la Biblia, presentan características similares, creo que una de esas cosas es que el llamado con frecuencia viene con una serie de encuentros y situaciones que con el tiempo llevan a una persona a darse cuenta que Dios le está llamando, aunque al principio se resista.

La experiencia que tuve al no entrar a la universidad

fue una señal clara de hacia dónde el Señor me estaba dirigiendo. No fue la única, pues como esa, hubo tantas otras que me revelaban el llamado de Dios y el camino que quería que siguiera.

Aún hay corazones dispuestos a servirle en este tiempo; personas que sienten un fuego arder en su corazón. Si tú eres una de esas personas, si sientes ese fuego que arde profundo por las cosas del Señor y sientes que te está llamando, ¡no te resistas! Mientras más resistencia ponemos, más largo se hace el camino hacia cumplir los planes y propósitos de Dios. No hay nada qué perder si en vez de resistirte, decides averiguar si es Dios quien te está llamando. Si descubres que sí, que hay un llamado especial para ti de parte de Dios, habrás ganado el más grande honor y privilegio de ser un obrero escogido para extender su reino en la tierra.

Sus ojos se pusieron en ti porque vieron un corazón dispuesto, eso es maravilloso. Él siempre estará contigo. Solo tienes que creer en tu llamado y no resistirte, aunque todo a tu alrededor pareciera decirte que es una locura, aunque tus sueños sean rotos y tu orgullo quebrantado. Se necesitan hombres y mujeres valientes como tú, dispuestos, que le crean y se atrevan a dar ese paso de obediencia para un día ganar un titulo aún más honroso: buen siervo fiel.

Deja el temor y atrévete a cambiar tus sueños por los suyos; te aseguro que son mejores y te garantizo que su presencia siempre estará contigo.

HAGAMOS ESTA ORACIÓN

Señor Jesús, te agradezco en sobremanera que pusieras tus ojos en mí. Me rindo a ti, a tu llamado, a tus planes y propósitos; no me resistiré más a tu voz, y te ruego, Señor, que en el camino a cumplir tu propósito, me guíes y me sostengas, que tu presencia sea la luz en mi camino y tu Espíritu Santo sea mi guía, mi fuerza y consuelo en tiempos difíciles.

Te entrego mi vida, mi tiempo y mis fuerzas, en el nombre precioso de Jesús, amén.

Reflexión

....
....
....
....
....
....
....
....
....
....
....
....
....
....
....
....
....

CAPÍTULO 2
BUSCA LAS SEÑALES

«Pero el hombre natural no percibe las cosas que son del Espíritu de Dios, porque para él son locura, y no las puede entender, porque se han de discernir espiritualmente.» 1 Corintios 2:14

Hoy en día es fácil encontrar una dirección con ayuda del GPS en los teléfonos inteligentes, pero que cuando estos no existían, necesitábamos buscar cada letrero con los nombres de las calles o incluso detenernos a preguntar para asegurarnos que íbamos en dirección correcta a nuestro destino. Si no estabas atento a cada señal, o si no te detenías a preguntar, muy probablemente podías llegar a un lugar equivocado.

Siempre es mejor buscar una señal, que llegar y darte cuenta de que no era el lugar que estabas buscando. En el camino, siempre habrá cosas que te causaran distracción, y ocuparan de tu tiempo, con el fin desenfocarte y desviarte para que no llegues a donde Dios quiere llevarte. Cuando sientes que hay algo más que Dios quiere de ti, cuando sientes que estás escuchando su voz haciéndote un llamado especial, prueba pedir y buscar señales. Te aseguro que las encontrarás y ellas te dirán si realmente es Dios quien te llama o tal vez, solo es tu emoción. Quiero decirte que lo primero es más probable que lo segundo; sobre todo si tu comunión con Él es constante, podrás percibirlas por medio del Espíritu. Es solo manteniéndonos en comunión con Él que lograremos entender cuál es su propósito.

Recuerdo muy bien aquel día en el que entré en un estado de frustración porque mi nombre no estaba en la lista de admisión para la universidad. Fui a preguntar para asegurarme, pues no quería dudar de mi capacidad, y me llevé una sorpresa cuando me dijeron que sí había aprobado, pero como fui de las últimas en hacerlo, igual que algunos otros estudiantes, no había espacio para mí ese año, que me llegaría la notificación para la lista de entrada de un semestre cero o en su defecto, entrada para el próximo año. Mi frustración aumentó, pero pude ver que esa era una señal que me indicaba que Dios quería algo especial conmigo. Lo que no sabía en ese momento, es que Dios usaría ese año para mostrarme Su voluntad y confirmarme Su llamado. Así que decidí seguir buscando esas señales de confirmación para asegurarme de que estaba yendo por el camino correcto. Muchos sentimientos pasaban dentro de mi ser al mismo tiempo: la duda, la incertidumbre, la inseguridad y un poco de enojo por no poder llevar mis planes personales adelante. Empecé a pedirle a Dios que me permitiera ver las señales que me llevarían a cumplir Su voluntad y decidí estar atenta para que no se me pasara alguna que fuera importante.

Una de las primeras cosas que me atreví a pedirle al Señor fue que me diera un trabajo para poder ayudarme un poco, si es que debía entrar a la escuela bíblica. Ya que estaba terminando mi año sabático y el tiempo de entrar al instituto teológico estaba llegando, me preparé para mudarme a la ciudad, con cierto temor porque aún no tenía la seguridad de lo que quería, o más bien lo que debía hacer. Me inscribí en la escuela, mientras aun esperaba esa señal, y unas semanas después, tuve una cita de las que tenía mensualmente con mi medico dentista, a causa de un tratamiento de ortodoncia que estaba teniendo, el doctor me dijo que estaba buscando alguien que le ayudara con la recepción y me preguntó si yo estaría interesada en el trabajo de medio tiempo. No lo podía creer; tragué saliva y pensé en cómo Dios se estaba tomando tan en serio mi petición de darme señales sobre ese llamado del que, aun ya estando inscrita en la escuela bíblica, estaba dudando.

El doctor me preguntó por segunda vez si estaba interesada en el trabajo y, aturdida, respondí que sí, que estaba interesada, así que dijo que debía capacitarme por dos días y luego comenzar a trabajar.

Unas semanas antes de entrar a la escuela bíblica y de comenzar a trabajar, en la iglesia del pueblo tuvimos una campaña evangelística y allí entonces Dios me dio la confirmación más clara que pude haber tenido.

El predicador hizo un llamado al altar a los jóvenes; jamás olvidaré cómo él oró por cada persona a mi lado izquierdo, cuando mi turno, simplemente pasó de largo y oró por los de mi lado derecho. Como toda adolescente, pensé en mil cosas sobre porque no había orado por mi: «Sintió algo malo», «no le caí bien»; pero el orgullo de no verme mal me hizo no moverme. Cuando terminó de orar por todos, se acercó hacia mí, me tocó la cabeza y me dijo:

—Dios me dice que te diga que ya no te resistas ni pidas más señales, que si es Él quien te ha estado llamando, solo sé obediente.

Mi mente, corazón y alma fueron quebrantados y me rendí; le dije:

—Señor, perdona mis debilidades y mi orgullo, úsame como tú quieras; aquí estoy para ti.

Identifico esta parte de mi vida con la de un hombre de la Biblia, Gedeón. Él estaba sacudiendo el trigo en el lagar, cuando el ángel de Jehová se le apareció y le dijo que salvaría al pueblo de Israel de la mano de los madianitas. Gedeón se sentía incapaz de cumplir tan importante llamado y, al igual que yo, quería estar seguro de que era la voz de Jehová la que le hablaba, y pidió señales. Primero, pidió que esperara hasta que el trajera una ofrenda, luego que el vellón de lana estuviera mojado con el rocío de la mañana y el resto de la tierra seca, y después que el vellón quedara seco y el resto de la tierra mojada. Dios cumplió con cada petición y así

Gedeón entendió que su llamado era real. Desde ese día en adelante le resultó más sencillo obedecer a la voz de Jehová; y cada paso que se le indicaba, el Señor manifestó su poder y cumplió su promesa de acompañarlo siempre (Jueces 6:7).

Tal vez gran parte de la duda de Gedeón era porque conocía sus debilidades e incapacidades; él era un simple labrador de tierra, y pensar que Dios le estaba llamando para ser un soldado de guerra que pelearía por la libertad de su pueblo, era algo difícil de concebir. Gedeón mismo le dijo:

—¿Cómo voy a salvar al pueblo? Mi familia es pobre y yo, siendo el menor, ¿qué puedo hacer? No estoy preparado, no tengo los recursos.

Pero el Señor se encargó de enseñarle por medio de esas señales, que si decidía obedecer, Él lo capacitaría y le daria las armas de su poder para que pudiera llevar a cabo su plan.

Yo me sentía igual, sin embargo, dejé de resistirme y me enfoqué en obedecer. Con temor, pero teniendo ahora la seguridad de que había un llamado especial para mí. Cuando me inscribí en la escuela bíblica fui descubriendo que ese era el plan de Dios para mi vida. Mis temores tenían que ver mucho con mis incapacidades. Le tenía pavor a hablar en público; era muy buena hablando a los niños, pero predicar a los adultos era algo que aún no estaba en mi lista de trabajos para realizar, sobre todo porque me consideraba un poco torpe para expresarme desde un púlpito; sin embargo, al mismo tiempo estaba a la expectativa de qué podría hacer el Señor con mis inseguridades.

Dios no encomienda trabajos pequeños, y busca personas sencillas de corazón que se dejen enseñar y estén dispuestas a cumplir órdenes sin resistir y cuestionar. Si eres joven o viejo, hombre o mujer, si sientes que Dios te está haciendo un llamado y hay un fuego que arde dentro de ti que no entiendes aun a dónde te lleva, comienza a pedir señales, no te sientas mal, porque estas te guiarán al destino que se ha trazado para ti. Si logras verlas con claridad, será increíble darte cuenta del poder de Dios para comunicarse contigo, conocerás más de Él, de Sus atributos, de Su amor incomparable y terminarás sintiendo un profundo agradecimiento por haber puesto sus ojos en ti para una asignación especial. Exprésale tus temores y frustraciones, Él mejor que nadie sabe de qué manera mostrarse y hacerte entender que al llamarte, también te capacita, te acompaña y te asegura la victoria, así como lo hizo con Gedeón.

Cualquiera que sea tu llamado —ya sea predicar, enseñar, hacer obra misionera o evangelizar—, permite que Él te muestre con detalle de qué manera, cómo y en dónde quiere que lo hagas. No pierdes nada con aventurarte a descubrir tu llamado, quizá te des cuenta de que solo era una emoción. Pero si, por el contrario, confirmas que el Todopoderoso te ha estado llamando, habrás encontrado el más grande y hermoso privilegio que cualquier mujer u hombre en esta tierra pueda tener: el de llamarte siervo escogido por Dios.

Hoy te animo a pedir esas señales, ninguna puede ser absurda cuando de un llamado divino se trata; y créeme que Él se toma muy en serio mostrarte con poder y en cosas tan simples de entender, que Su llamado es real y que le plació escogerte a ti. Comienza a ver a tu alrededor porque tal vez sin pedirlas, las señales comenzarán a aparecer. Permanece atento y pronto llegarás al destino de un llamado asombroso que tu Padre Celestial te ha hecho. Al mundo le urge que obedezcas ese llamado, así que no dudes más, hazlo y recogerás hermosos frutos.

Si escuchas su voz, deja que te dé la paz y la seguridad que necesitas para correr a su llamado sin poner resistencia. El Señor todopoderoso sabe quién eres, sabe dónde vives y conoce tus defectos, así que, si puso sus ojos en ti, es porque encontró en ti un corazón dispuesto a creerle, a servirle y obedecerle, aún más allá de las dudas. Él no ve en ti lo que los demás ven. Cree, abre tus ojos a sus señales y sigue caminando hasta encontrar tu destino en su plan y propósito.

Te recuerdo que 1 Corintios 2:14 nos habla que para entender las cosas de Dios debemos andar siempre en buena comunión con su Espíritu Santo, pues es por medio de Él que logramos ver lo que con nuestros ojos carnales es imposible.

QUIERO ORAR POR TI

Oro hoy para que Dios se revele a ti con esas hermosas señales que confirmen tu llamado; oro para que tus ojos y oídos se mantengan atentos a Su manifestación y a Su voz; oro para que la duda se aleje; oro que ese fuego que arde en ti continúe encendido y que sientas la paz de saber que Sus planes siempre son mejor que los tuyos, porque son para darte el futuro que Él mismo ha preparado. Oro para que la certeza de tu llamado sea más fuerte que los temores y ruego que creas en esa hermosa promesa de que estará contigo y asegurará la victoria sobre cada batalla. En el nombre poderoso de Jesús. Amén.

Reflexión

....

....

....

....

....

....

....

....

....

....

....

....

....

....

....

....

CAPÍTULO 3

NO DEJES DE SERVIR MIENTRAS CONFIRMAS TU LLAMADO

«En lo que requiere diligencia, no perezosos;
fervientes en espíritu, sirviendo al Señor.»
Romanos 12:11

En palabras más simples, lo que este versículo quiere decir es que no puedes descansar y dejar tus responsabilidades porque nadie puede recoger frutos de un trabajo que no ha hecho. A veces es inevitable caer en el desánimo y la incertidumbre cuando sientes que tienes un llamado de Dios, pero no logras entenderlo; cuando ves que los planes que tu habías hecho tienen que acabar en el momento en el que ese fuego de Dios comienza a arder en ti, porque esos planes no se parecen para nada a los que Él ha trazado en tu historia.

Una de las lecciones más importantes que he aprendido en la vida es que Dios no puede confiar en personas flojas o negligentes para encomendarles un llamado. Hay cosas que no puedes darte el lujo de dejar de hacer por estar triste, deprimido o por simplemente no entender cuál es el propósito de Dios para ti. Debemos ser diligentes con lo que requiere nuestro trabajo.

Muchas personas dentro de la iglesia decaen mientras confirman el llamado, y de ahí ponen ese desánimo como pretexto para no seguir trabajando en sus responsabilidades. Una vez que le abrimos la puerta a la pereza, le damos igualmente lugar a la pobreza. El cuerpo se acostumbra a todo: al trabajo, a la comida, al ejercicio y también a la pereza.

Ese año sabático que me tomé, batallé al resistirme al llamado de Dios, y lo usé como pretexto para descansar de algunas de las cosas que estaba haciendo en la iglesia; mis excusas eran: «Quiero enfocarme en buscar a Dios para saber que quiere que haga», «Me estoy tomando un descanso porque creo que lo necesito», «Estoy un poco confundida, y así no puedo servir», «Me siento un poco presionada con tantas cosas que tengo que hacer». Pero lo que en realidad estaba pasando, es que había dejado que el desaliento entrara, le abrí una puerta a la pereza y me estaba llevando a una pobreza espiritual que, si seguía alimentando, con seguridad me hubiera llevado a perder la oportunidad más hermosa de tener un llamado divino.

El querer tomarme un descanso para, según yo, buscar las respuestas que quería, en pocos meses estaba convirtiéndose en algo cómodo, sin tantas responsabilidades; pero había algo más que estaba pasando en mi interior y era que no estaba teniendo esa comunión que meses antes yo tenía con el Señor, lo cual comenzó a inquietarme porque extrañaba todas esas responsabilidades de las que estaba huyendo. Entendí que mientras más trabajaba para Él, más lo conocía, conocía su voz, más entendía el significado de ser un discípulo y eso me llevaría a descubrir mejor el propósito de mi llamado.

Para mí, los pretextos que tenía eran válidos, pero para Dios no lo eran. ¿Cómo podía mostrarme Sus propósitos si yo ni siquiera estaba atendiendo bien las cosas que Él me había dado por responsabilidad? Ningún patrón te subirá el sueldo cuando ve que en vez de trabajar duro para aprender a hacer mejor las cosas, te sientas a tomar descansos porque sabes que alguien más puede hacer el trabajo por ti. Si tú no lo haces, el patrón buscará a alguien que esté dispuesto y que no le dé puerta abierta a la pereza fácilmente. No debemos darnos el lujo de descansar, porque incluso en el trabajo es donde podemos encontrar el sentido de nuestro llamado, aprendemos el arte de servir a otros, de humillarnos y tener una perspectiva correcta de lo que somos y a quién servimos. No hay otra manera de cumplir un llamado, si no es trabajando arduamente dentro y fuera de la iglesia.

Yo hice lo contrario a lo que se debe hacer cuando estás en el proceso de reconocer tu llamado: cometí el gran error de descansar; aunque seguía estando en la iglesia y eventualmente participaba en algunas cosas mínimas y solo lo hice por unos cuatro meses, le di lugar a la pereza y estuve a punto de quedarme varada en el intento de buscar señales, cuando solo podría verlas si me mantenía trabajando y en comunión con su Espíritu Santo. Ahora doy gracias al Espíritu Santo porque me sacó de esa pereza y pude ver que no solo necesitaba buscar señales, sino que también debía buscar aquella preparación y madurez que se puede adquirir trabajando. Después de haber entendido esto, sentí que un impulso de servir se apodero de mí y dejé los pretextos para descansar; me puse a disposición nuevamente en la iglesia y estuve lista para hacer de todo.

Hubo un joven del que habla la Biblia, que aun cuando no parecía que todo lo que le estaba pasando pudiera ser parte de un llamado divino, pues todo era malo, nunca dejó de servir. Lo que pudo ser el pretexto perfecto para sumergirse en la tristeza y depresión, se convirtió en una gran oportunidad de servir, y ese servicio fue la escuela que le preparó para cumplir con su verdadero llamado. Su nombre era José. Todos conocemos a José, el Soñador; y su historia la encontramos en Génesis 3. Este joven, al que su padre amaba tanto y al que sus hermanos envidiaban por eso, tenía diecisiete años, y tenía sueños que creía que se cumplirían y que a sus hermanos no les gustaban. Su enfado por esos sucesos y por el favor de su padre con él, los llevó al grado de querer matarlo, pero al no poder hacerlo, se les ocurrió venderlo como esclavo.

¡Qué dolor tan grade y profundo debió haber sentido José por la acción de sus hermanos! Esa era una razón para desanimarse de la vida misma, pero en lugar de eso, él se propuso descubrir si había algún propósito dentro de su situación y la mejor manera de hacerlo fue trabajando; sirviendo como esclavo en la casa de Potifar encontró gracia a sus ojos porque todo lo que hacía prosperaba, así que lo hizo su mayordomo y le entrego poder sobre todo lo que tenía (Génesis 39). José aún no sabía a dónde Dios lo llevaría, pero la Biblia dice que la mano de Jehová bendijo la casa del egipcio a causa de él. Llegó un momento difícil cuando José fue acosado y acusado por la esposa de su jefe, así que lo pusieron en la cárcel y una vez más, él tuvo la oportunidad de tomar su problema como pretexto para dejar de servir, pero Jehová estaba con él, preparándolo para un gran propósito. José siguió trabajando y su espíritu de servicio y el favor de Dios lo hicieron encontrar gracia en los ojos del jefe de la cárcel, quien lo puso al cuidado de todos los presos.

La Biblia dice que Jehová estaba con José, y lo que él hacía, Jehová lo prosperaba (Génesis 39:23), esto nos lleva a entender que Dios se agrada en sobremanera cuando continuamos sirviendo aun en medio del dolor y la incertidumbre. Él ve nuestro trabajo y nos prosperará porque Su plan es mucho más grande de lo que nuestra mente puede entender. José no le dio lugar a la pereza, por el contrario, se esforzó más y más, porque sabía que en el trabajo estaba el camino a ese lugar que Dios había ya destinado para que el cumpliera el propósito de su llamado.

Dios le regalo el don de interpretar los sueños, y llegó la oportunidad de usarlo con el gran faraón. Si José hubiera optado por ser negligente y perezoso, no solo hubiera vivido en la pobreza, sino que todos aquellos que fueron bendecidos por medio de él, también hubieran padecido. Los resultados fueron no solo que la mano de Dios estaba con él y encontraba gracia con personas de autoridad y todo lo que hacía prosperaba, sino que también ese trabajo lo preparo para cuando llegó el momento de ser el gobernador de Egipto. Para entonces, toda la preparación que había adquirido trabajando cada día, era lo suficiente como para llevar a cabo la gran responsabilidad que tendría de administrar el reino. ¡Qué bendición haber llegado a ese lugar que Dios tenía destinado para él! Gracias a todo ese esfuerzo, Dios tuvo a bien usarlo para bendecir al pueblo de Egipto y también a su propio pueblo.

Todo lo que José tuvo que pasar fue parte de un propósito, y mientras entendía cuál era, cumplió perfectamente lo que dice Romanos 12. Fue un siervo, sin importar las dificultades o la incertidumbre de no saber con exactitud cuál era el propósito de debía cumplir. No se enfocó en las tragedias que venían una tras otra, sino que fue diligente, y en su esclavitud y en su prisión mantuvo una posición de siervo, ayudando a otros y usando sus talentos para bendecir. Dejó que su tormenta fuera la escuela que lo preparó para la posición de autoridad a la que Dios lo llevó.

Tal vez hoy no tienes muy claro cuál es tu llamado, pero déjame darte un consejo: Mientras lo descubres, no dejes que el desánimo te haga cometer el error que yo cometí de querer descansar. Si dejamos de trabajar y servir a Dios, nada de lo que hagamos será prosperado, esa fue la clave para que José hallara gracia ante los ojos de los hombres y de Dios; es así que se prospera, es así que encontramos la escuela que nos prepara para el lugar alto al que Dios quiere llevarnos. Esa es la clave para nosotros hoy día: trabaja duro, sirve y no dejes de servir, sin importar las dificultades o circunstancias, sin importar si sabes o no a dónde el Señor te quiere llevar. Mientras sirves, Dios te mostrará cuál es Su voluntad perfecta para ti, y te aseguro que cuando llegues a ese lugar, ese trabajo te habrá dado una preparación que de otro modo no habrías adquirido.

«Porque Dios no es injusto para olvidar vuestra obra y el trabajo de amor que habéis mostrado hacia su nombre, habiendo servido a los santos y sirviéndoles aún. Pero deseamos que cada uno de vosotros muestre la misma solicitud hasta el fin, para plena certeza de la esperanza, a fin de que no os hagáis perezosos, sino imitadores de aquellos que por la fe y la paciencia heredan las promesas.» Hebreos 6:10-12 (RV1960)

No dejes de trabajar, porque en tu servicio está la bendición para muchos y para ti mismo. Anímate, hay mucho en que puedes ayudar; acércate a tus pastores y ofrece tu servicio en la limpieza, en la música, en la enseñanza, en lo que sea, ofrece tus talentos como lo hizo José; sé amable y hospitalario.

Pase lo que pase, no dejes de servir, sobre todo si sabes que Dios tiene una asignación especial para ti. Muéstrale que eres capaz de trabajar sin excusas, sin reproches y sin quejas, y entonces el Señor te verá con agrado para ponerte en un grado de alto honor en su reino. Veras cómo Dios te prepara, capacita y te va mostrando Su propósito y voluntad. Aun si estás pasando por una gran tormenta, debes saber que es parte de la escuela, porque cada dificultad te enseña grandes lecciones que serán necesarias a la hora de ejercer el llamado de Dios.

Como dice Romanos 12:11, sé ferviente sirviendo al Señor y verás cómo Él te pone en el lugar que ha destinado para ti. Tu llamado requiere diligencia, no permitas que la pereza te robe tu lugar y alguien más haga lo que te toca hacer a ti. Te recuerdo que ser llamado por Dios es un hermoso privilegio que debemos valorar y agradecer.

Si quieres que tu Padre te ascienda de puesto, muestra fidelidad en lo poco y estarás listo para el gran reto que tiene para ti adelante. Con una actitud humilde, deja que Él te prepare y aun, con lágrimas y cansancio, un día verás que todo eso tenía una razón de ser.

ORACIÓN

Señor, hoy ruego que cada uno de nosotros podamos mantenernos diligentes en toda obra que nos has confiado. Sin importar si las señales de nuestro llamado son suficientes o no, te pido que nos ayudes a mantenernos sirviéndote, para así poder entender cuál es la vocación a la que hemos sido llamados, al mismo tiempo que nos prepararas para la asignación mayor que quieres darnos. Tú has prometido estar con nosotros y tu palabra es fiel y verdadera. Gracias por poner tu mirada en nosotros y por sostenernos en cada dificultad, Señor. Amén.

Reflexión

....
....
....
....
....
....
....
....
....
....
....
....
....
....
....
....
....

Reflexión

....
....
....
....
....
....
....
....
....
....
....
....
....
....
....
....
....
....

CAPÍTULO 4

DECIDE SER OBEDIENTE

«Acontecerá que si oyeres atentamente la voz de Dios, para guardar y poner por obra todos sus mandamientos que yo te prescribo hoy, también Jehová tu Dios te exaltará sobre todas las naciones de la tierra.»
Deuteronomio 28:1

Todos los días tenemos la oportunidad de practicar la obediencia, ya sea si nuestro jefe nos da una asignación, si el profesor nos da un trabajo o si nuestros padres nos encomiendan una labor en casa. El versículo de Deuteronomio nos enseña que Dios exalta a aquel que obedece su voz, pero es difícil obedecer cuando lo encomendado es algo que no nos gusta o no tenemos ganas de hacer. Aun así, la obediencia siempre será la mejor elección.

Después de haberme resistido y haber buscado las señales para asegurarme de que Dios era quien me estaba llamando, decidí rendirme ante Él y ponerme a Su disposición. Me seguía doliendo el hecho de dejar todos mis planes, pero para este punto ya me había quedado claro que no importaba qué tan buenos eran los míos, sus planes siempre serían mejores.

Decidí entrar a la escuela bíblica; y recuerdo bien que al decírselo a mi madre, ella estaba contenta; toda mamá cristiana quiere ver a sus hijos sirviendo al Señor, así que tuve su apoyo. Creo que a mi papá le costó un poco más asimilarlo porque confiaba en que yo estudiara una carrera, y para ser sincera, me sentía muy mal desilusionarlo, pero yo solo quería seguir la voz de Dios. No sé cómo explicarlo, pero con todo y que mis sueños se habían hecho trizas, haber decidido seguir el llamado de Dios de ir a la escuela bíblica, me dio una sensación de paz increíble.

¿Te ha pasado alguna vez? Cuando mamá me mandaba a lavar los trastes sucios, obviamente era algo que no me gustaba y normalmente lo hacía malhumorada, pero después de haber terminado me sentía satisfecha de ver un trabajo bien hecho, así que tenía una sensación de orgullo porque mi mamá estaría tranquila y yo también me sentiría en paz por haber sido obediente.

Muchos personajes bíblicos practicaron la obediencia a lo largo de su vida, pero me llama la atención especialmente David, aquel sencillo pastor de ovejas que fue escogido y ungido como futuro rey. Cuando Samuel ungió a ese joven, la Biblia dice que en ese momento el espíritu de Jehová vino con gran poder sobre él (1 Samuel 16:13).

Quiero pensar que mientras David era preparado para obedecer a su llamado, había un fuego dentro de él que ardía y lo mantenía a la expectativa de lo que Dios haría por medio de él. En muchos versículos de la Biblia podemos encontrar que Dios lo escogió a para un llamado especial. Es verdad que enfrentó dificultades, tentaciones, sintió temor, desánimo, enojo, pero su corazón sentía el vivo deseo de ser obediente a la voz de su Dios. David siempre procuraba preguntarle sobre cualquier asunto y dejaba que Él le diera las indicaciones. No era un hombre perfecto, pero siempre trató de ser obediente.

En una ocasión, David le pregunto a Dios si debía pelear contra los filisteos, a lo que le respondió que sí, y además de eso le dio las instrucciones de cómo debía pelear la batalla; y David obedeció (1 Crónicas 14). Su obediencia le trajo victoria sobre esta batalla y una bendición de tal manera que multiplicó más de ocho veces el territorio de Israel; Dios lo usó para hacer de Israel una nación poderosa.

La obediencia siempre trae consigo bendición y cumplimiento de promesas; mientras que la desobediencia trae consecuencias dolorosas. David también experimentó esto. Cuando adulteró con Betsabé, traicionando a uno de sus soldados más fieles y dándole muerte para ocultar su pecado, Dios mismo declaró sentencia sobre David. Si bien es cierto que él tuvo un profundo arrepentimiento, las consecuencias fueron inevitables. No podemos pretender ser desobedientes y que la desobediencia quede impune; siempre hay fruto de lo que sembramos, sea bueno o malo. Una vez recibidas las instrucciones, es mejor obedecerlas.

Después de resistirme, yo decidí obedecer. Creo que mientras me resistía estuve practicando la desobediencia, experimenté sentimientos que me agobiaban. Mientras yo me empeñaba es hacer las cosas a mi manera, mi interior no sentía esa paz, porque ser desobediente te da un cierto sentimiento de culpa y la sensación de que faltaste a algo que se te pidió, pero aún así, muchas veces seguimos en nuestra necedad. Me era difícil entender que ser obediente implicaba negarme a mí misma, dejar mis ideales, sueños, planes, dejar de hacer cosas que me gustaban y seguir los planes de Dios, su llamado, sus instrucciones y sembrar en obediencia para cosechar las abundantes bendiciones que Él tenía para mí.

Aprendí que contender con Dios es una batalla que siempre voy a perder. No importa lo que haga o de qué manera yo intente convencerlo de que me deje realizar mis planes, él siempre tiene maneras suaves —y cuando estoy en necedad, otras no tan suaves—, de dejarme saber Su voluntad y enseñarme que si me escogió es porque vio en mí un corazón dispuesto, pero en esa disposición debía sacar al yo de la ecuación.

Después de vivir un año debatiendo con Dios y resistiendo y pidiendo señales, entré a la escuela bíblica con mucho entusiasmo; conocer a tantos jóvenes de diferentes lugares de la republica mexicana y extranjeros, que al igual que yo tenían un llamado de Dios, me motivaba mucho más porque entendí que el trabajo no era solo mío sino de muchos otros a quienes el Señor había escogido para llevar el mensaje de su salvación.

Aún tenía la incertidumbre de cuál sería mi llamado específico, pero una vez que comencé con las clases y me adentré en el conocimiento de la Palabra, aprendí a preocuparme cada vez menos por eso y a seguir las instrucciones de Dios una a la vez.

Muchos que han escuchado la voz de Dios llamándolos están esperando ser lo suficientemente buenos o capaces para dar el paso de obediencia. Hoy quiero decirte que nadie es lo suficientemente bueno ni capaz hasta que decide obedecer a la voz de Dios. Cuando decides obedecer entonces comienza la verdadera capacitación, y te das cuenta que al privilegio de ser llamado por el Padre, solo se puede responder así: siendo obediente, dejando la duda y la incertidumbre. ¿Crees que Aquel que te llama puede dejarte? Te aseguro que no; y si te mantienes en obediencia, disfrutarás de sus maravillosas promesas de amor y compañía. Es como cuando un padre le dice a su hijo:

—Si ayudas la limpiar el piso, te llevaré a comer un helado.

Un padre siempre sentirá un profundo gozo y orgullo de un hijo obediente, y tendrá deseo de bendecirlo por su disposición a escuchar y hacer lo que se le pide.

No es fácil someterse, lo sé, sobre todo cuando el llamado hace que tengas que dejar tus planes para seguir los de Dios; es renunciar a tu ego, renunciar a ti mismo y vivir la vida que Él ha trazado para ti; pero conforme vayas dando esos pasos de obediencia, entenderás más y más sus propósitos.

Hoy quiero animarte a no tener miedo y a dar ese paso de obediencia; o aun con ese miedo, atrévete y obedece la voz del Señor que te está llamado. Si Él te llama es porque confía en ti, cree en ti y puso sus ojos en ti, para expandir Su reino a muchos, que a través de tu llamado conocerán de su amor y de su salvación. Solo sé obediente y recogerás los frutos maravillosos de la obediencia. Si escuchas la voz de Dios, enfócate en ella y deja que sea tu guía; no permitas que otras voces dominen tus pensamientos; da ese paso firme y decidido. Dile «sí» al Señor y no lo obedezcas a medias, sino con toda tu alma, cuerpo y espíritu. Y cada vez que falles, ve a Él en actitud de arrepentimiento, Él te perdonará, te levantará y te fortalecerá.

ACOMPÁÑAME EN ESTA ORACIÓN

Padre, hoy vengo a ti reconociendo mi debilidad: la incertidumbre acerca de mi llamado. Sé que tu voz me llama hoy, y pido que tu Espíritu Santo disipe toda duda y me ayude a ser obediente a tus instrucciones, que me dé la valentía de decir: «Sí, Señor, heme aquí»; y que siempre recuerde que has prometido estar conmigo, que Tú me capacitarás con lo necesario para cumplir con tu propósito, y que no importa las veces que me equivoque, Tú siempre me darás la oportunidad de practicar la obediencia y gozar de sus frutos. Gracias, amado Dios. Amén.

Reflexión

....
....
....
....
....
....
....
....
....
....
....
....
....
....
....
....
....
....

Reflexión

....
....
....
....
....
....
....
....
....
....
....
....
....
....
....
....
....
....

CAPÍTULO 5
ELIGE SABIAMENTE A TU PAREJA

«¿Andarán dos juntos si no estuvieren de acuerdo?»
Amós 3:3

En tiempos como estos, en los que el matrimonio parece estar en peligro de extinción, es complicado encontrar esa persona con la que podrás complementarte y tener la seguridad de que caminarán juntos en la misma dirección y con el mismo propósito, con metas en común y sobre todo con el firme deseo de servir a Dios. El matrimonio ha sido degradado a tal punto que tomar ese compromiso es un requisito innecesario para que dos personas vivan juntas, y de ese modo le quitan valor a un sacramento constituido por Dios para establecer lo que hoy llamamos familia.

Muchas personas piensan en el matrimonio como la firma en un papel para agradar a una sociedad y no como un acto que honra a quien lo ha establecido, incluso algunos piensan que el matrimonio significa encontrar a una persona que los haga felices —en vez de encontrar a alguien a quien hacer feliz—, alguien por quien se sientan físicamente atraídos, creyendo que eso es suficiente y lo demás podrá darse normalmente. ¡Qué gran error! Cuando alguien pone en prioridad la apariencia física y la atracción, lo probable es que esa relación termine en fracaso.

Durante el tiempo en el que yo estaba pasando el proceso de obedecer a mi llamado, estuve en una relación de amistad, que parecía podría llegar al noviazgo, con un muchacho de familia cristiana, responsable y fiel servidor en su iglesia, estudiante de una carrera universitaria, que tenía muchas cualidades que me atraían; pero cuando le conté que sentía un llamado de parte de Dios para ir a la escuela bíblica, su reacción me sorprendió en gran manera. Supuse que siendo un joven fiel a Dios, se sentiría emocionado de la decisión que yo estaba por tomar. Pero, por el contrario, trató de persuadirme para que primero estudiara mi carrera universitaria y después, si quería, fuera a la escuela bíblica. El comentario que desilusiono completamente mi corazón fue:

—Quiero estar con una persona que sea profesionista, igual que yo.

De un segundo a otro, mi emoción por haber tenido una oportunidad con este joven cayó hasta suelo, no porque lo que él quería fuera malo, sino porque en sus palabras había cierto tono de desilusión por el ministerio, por lo que obviamente no podríamos estar de acuerdo y caminar juntos hacia los mismos propósitos y metas; por lo tanto, decidimos que como amigos funcionaríamos bien.

Ese día fue importante para mí porque comencé a descubrir que después de decidir obedecer al llamado de Dios, tenía la gran tarea de encontrar a esa persona con la que compartiría mi vida. No debía pensar en buscar a alguien que me ayudara y me hiciera feliz a mí, sino encontrar a alguien a quien yo pudiera hacer feliz obedeciendo la voz de Dios y así de ese modo él también podría cumplir su llamado. No sería fácil, pero aprendí que siempre es mejor caminar con alguien con quien estás de acuerdo, porque si ambos están de acuerdo lograrán grandes cosas y cumplirán grandes propósitos, sobre todo cuando se trata de servir al Señor.

El libro de los Jueces, capítulo 16, nos relata la historia de cómo Sansón se enamoro de la persona equivocada: Dalila. Puedes pensar que en este caso podríamos hablar claramente de un yugo desigual, pero también podríamos decir que ellos no tenían en común sus propósitos, se dejaron llevar por la atracción física; y aunque él sabía cuál era su llamado, decidió estar con ella, tal vez pensando —como muchos hoy en día piensan—, que después cambiaría sus ideas y lo apoyaría en sus decisiones. Tristemente, eso jamás sucedió; Dalila tenía también muy claros sus propósitos y ninguno de ellos era ayudar a que él cumpliera los suyos.

Dios había escogido a Sansón desde su nacimiento;

y de seguro que él quería cumplir su llamado de salvar al pueblo de Israel de mano de los filisteos, pero cuando llegó el momento de escoger a una compañera, quizá no pensó que tuviera alguna relación con el plan de Dios, mas su historia nos muestra que en realidad eso tiene suma importancia. Tal vez no se percató de que Dalila en vez de motivarlo o ayudarlo a cumplir su propósito, terminaría desviándolo, al punto de no darse cuenta cuando el Espíritu Santo se alejó. En su afán por el amor, Sansón se fue olvidando poco a poco de su propósito; no se percató de que su desobediencia y malas decisiones tendrían consecuencias fatales.

Dalila actuó astutamente, era una persona egoísta que solo buscaba poder satisfacer sus necesidades y cumplir propósitos personales. A Sansón le costó caro el error de haber elegido mal: no solo perdió su fuerza, sino también su vida.

Es verdad, este es un ejemplo de por qué no debemos unirnos en yugo desigual: porque las consecuencias pueden ser emocional y espiritualmente devastadoras. Dalila desvió con sutileza a Sansón de su propósito, apoyada en una trampa disfrazada de amor.

El propósito de Dios en tu vida puede verse seriamente afectado si no eliges a la persona correcta. En medio de la emoción se nos olvida que la otra persona también tiene sueños y metas, y que si son totalmente opuestas, tu llamado puede estancarse y también el de la otra persona. Sin embargo, recuerda que elegir a una persona cristiana no te garantiza que podrá ayudarte a cumplir tu propósito; pero si no buscas a alguien a quien con tu llamado vas a complementar el suyo, de igual modo el matrimonio puede ser algo problemático y desgastante. Lo he visto en matrimonios cristianos que se dejaron llevar por la atracción física y no analizaron si sus planes y propósitos los llevarían a caminar de acuerdo para que ambos pudieran hacerse felices mutuamente, al mismo tiempo que cumplirían cada uno con su llamado.

Debemos aprender que, si dos personas que tienen diferentes sueños y quieren unirse para tener una meta común, ambos sueños deben complementarse, para entonces tener como resultado una historia de amor que pueda, a pesar de las dificultades, terminar en un felices para siempre.

Unos años atrás, en el tiempo en el que yo estaba teniendo amistad con el chico cristiano que conté anteriormente, había conocido a un joven llamado Ricardo, en una convención de jóvenes en la ciudad de San Luis Potosí en México. Sin habernos visto antes, nos tocó ir en el mismo autobús que salió de la ciudad de Durango, y fue llegando al lugar de la convención que un amigo que teníamos en común se encargó de presentarnos. A mí no me llamó la atención en absoluto, ya que mi interés estaba en otro lado; pero Ricardo —a quienes todo le decían Rica de cariño—, hizo buena amistad con mis primas. tiempo después, cuando ya nos hicimos novios, él me contó que tuvo interés en mí desde que nos conocimos, pero yo no; así que decidió estar en contacto con mis primas para así poder saber sobre mí.

Un año después nos volvimos a ver en una convención de nuestro distrito, y fue entonces que empezamos a conversar. Una de mis primas lo invitó para que fuera su acompañante en sus quince años; él aceptó, y así nos volvimos a ver. Él fue desde la ciudad hasta mi pueblito hermoso llamado La Soledad Canatlan, a dos horas de camino, para ir a la fiesta que sería el comienzo de una amistad más fuerte, que después de un año se convertiría en un noviazgo. Durante ese año en que estuvimos conociéndonos, descubrí todo lo necesario para saber que él era el indicado.

SEÑAL 1: AFINIDAD

Yo aprendí a tocar guitarra para ayudar en la iglesia con la alabanza. En una ocasión, él fue de visita a mi iglesia y pensé que quedaría sorprendido viéndome tocar y participar en el coro; pero un tiempo después que asistimos a un servicio de jóvenes en el que su iglesia estaría encargada de ministrar la alabanza, me llevé una gran sorpresa. Ricardo estaba tocando el bajo como todo un profesional, y me sentí tan avergonzada, porque lo que yo sabía de música no se comparaba en nada a lo poco que yo sabia. Le reclamé por qué no me había dicho que era músico, y él solo me dijo que no se había dado la oportunidad de hablar de eso; siendo honesta, me encantó descubrir eso, porque yo vengo de una familia de músicos y pensé que en ese sentido se llevaría bien con mi familia. Era un punto a favor para pensar en un futuro con él. Definitivamente compartíamos el gusto por la música, y eso fue algo emocionante para mí, más aún porque siendo él un músico de buen nivel, yo tendría mucho que aprender a su lado.

SEÑAL 2: VALOR POR EL MINISTERIO

Llegó el día en el que le hablé sobre la escuela bíblica, y lo hice con temor porque, aunque había cosas que teníamos en común hasta ese momento, no podía evitar pensar en mi desilusión anterior. Fue hermoso escuchar lo que me dijo:

—Mi deseo también es servir al Señor; es lo mejor que podemos hacer, y si Él te hizo un llamado, obedécelo y yo estaré aquí para ayudarte a cumplirlo.

Quería abrazarlo, pero me contuve porque aún no éramos novios, y yo era un tanto conservadora. Me fui a casa muy emocionada y preguntándome: «¿Será que él es el correcto?» No solo me sentía apoyada, sino que también sentía que podría apoyarlo en su ministerio.

SEÑAL 3: AMOR POR SERVIR AL SEÑOR

Fuimos jóvenes muy activos en asistir a cada evento que el distrito organizaba, porque viviendo él en la ciudad y yo en el pueblo, eran pocas nuestras oportunidades para vernos. Y otra vez en uno de esos eventos, encontré una cosa más para sentirme segura de dar el paso del noviazgo. Después de entender mi llamado y obedecer a Dios, yo le pedí que mi compañero de vida fuera un joven que lo amara profundamente y le sirviera con todo su corazón.

Recuerdo que en ese evento hicieron un llamado al altar para ministrar a los jóvenes, y cuando vi que el fue de los primeros en pasar, se puso de rodillas y levantó sus manos al cielo, eso conmovió en gran manera mi corazón y me dije a mí misma: «Esto es lo que quiero de mi futuro esposo, que no tenga temor de humillarse ante Dios y derramar sus lágrimas». No podía creer cuántas cosas había en él que me llenaban y me enamoraban cada vez más. Ver que para él las cosas de Dios eran importantes y que no tuviera temor de mostrar que le servía, ni tenía resentimiento alguno hacia la iglesia, me animó para dar el paso que seguía.

SEÑAL 4: SU PRIORIDAD ES DIOS

Hubo muchas cosas mas además de estas, pero te cuento las que para mí fueron las más evidentes.

Por fin se animó a pedirme que fuera su novia, un 16 de septiembre en una noche mexicana que jamás olvidaré. Tampoco olvidaré los nervios que los dos teníamos: Ricardo porque había decidido pedirme ser su novia, y yo porque por sus nervios sabía que me lo pediría.

La aventura comenzó y con ella el reto de confrontar a nuestras familias con nuestro noviazgo. Una de las primeras cosas que enfrentamos fue que no tendríamos mucho tiempo para vernos, ya que mis papás nos pusieron reglas y por cuestiones ajenas solo nos podríamos ver los domingos. Para ese tiempo ya me había mudado a la ciudad y había comenzado la escuela bíblica así que él no tendría que viajar hasta el pueblo. El problema era que yo tenía el servicio de domingo durante la mañana y él durante la tarde, así que solo podríamos vernos por dos horas y con lo enamorados que estábamos, para nosotros dos horas eran muy poco.

Cuando nos tocó hablar sobre que haríamos al respecto yo pensé: «Si él ama más a Dios que a mí, entonces lo sujetaré fuerte y no lo soltaré, pero si por venir a verme deja sus responsabilidades en la iglesia, entonces sentiré una desilusión muy grande». Lo hablamos y lo que me dijo me dejó el corazón lleno de alegría:

—Sabes que yo sirvo en la alabanza y debo cumplirle a Dios, así que podré venir a verte después que haya cumplido con mi responsabilidad; y si nos toca vernos solo por dos horas, pues entonces así lo haremos.

Para mí, esta fue la señal más clara de que yo podría ayudarle a cumplir su llamado y él el mío. Los dos íbamos en la misma dirección y estábamos de acuerdo en que Dios siempre sería lo primero en nuestras vidas.

Quiero darte un consejo valioso, sobre todo si tienes un llamado específico a servir al Señor. Analiza muy conscientemente qué metas y propósitos tienes en común con el chico o chica en el que tienes interés, también, qué tan seguro es que tu llamado complemente el de la otra persona y qué tanto su llamado complementará el tuyo. Te aseguro que encontrarás esas cosas importantes que te harán sentir que son el uno para el otro y ambos son para Dios. Abre tus ojos, tus oídos y tu espíritu para ver si tus pasos de obediencia pueden bendecir a la otra persona;, si puedes amar, respetar y comprender el propósito de el o ella y si la obediencia de esa persona te hará crecer y cumplir con la orden de Dios. Si comienzas a pensar en que no se trata solo de tu felicidad sino de la de dos personas, entonces podrás ser más analítico sobre que cualidades, prioridades y habilidades pueden tener ambos para servir juntos al Señor.

Yo viví cierta presión mientras estaba en la escuela bíblica. Todos me decían que debía encontrar alguien de entre los estudiantes, porque los jóvenes que estaban allí también tenían un llamado y nos entenderíamos muy bien en cuanto al ministerio, y claro que había algunos pretendientes, pero el hecho de estudiar juntos no era garantía de que compartiríamos metas y propósitos. Mientras me tomaba el tiempo de conocer a algunos de esos jóvenes que me pretendían, me di cuenta de que aunque teníamos en común el deseo de servir a Dios, nuestros llamados iban en direcciones diferentes, no estábamos de acuerdo, por lo tanto no podríamos caminar juntos.

No pienses que es suficiente que los dos sean cristianos y vayan a la iglesia, porque hay una diferencia entre lo suficiente y lo necesario. Ser cristianos puede ser suficiente, pero que los dos amen a Dios y deseen servirle sobre todas las cosas, es necesario. Los dos pueden ser cristianos, pero no tener la misma pasión por un llamado. Y si alguno le falta la pasión por Cristo, tarde o temprano la pasión por el matrimonio también se verá seriamente afectada. Dos cristianos pueden no estar de acuerdo en cómo y hacia dónde caminar en su vida con Cristo, así que no solo lo lleves en oración, sino tómate el tiempo de conocer a esa persona; y si ves esas señales que te dicen que van hacia la misma dirección en el llamado divido, entonces ten tranquilidad de tomar el paso de un matrimonio. No existirá un matrimonio perfecto, pero si están de acuerdo, te aseguro que cuando venga la tormenta, seguirán caminando juntos de la mano, como hasta hoy lo hacemos mi esposo y yo sirviendo al Señor, juntos y ayudándonos a crecer y complementando uno el ministerio del otro.

No siempre las personas son lo que dicen ser, tómate ese tiempo de comprobar con sus acciones, que es la persona que dice ser con sus palabras. No tomes decisiones apresuradas y obedece a Dios primero, verás cómo Él mismo se encarga de suplir lo que necesitas y te da la gracia para elegir con sabiduría a esa persona con la que harás grandes cosas para Él. Tú puedes ser esa persona correcta para alguien que está buscando quién le ayude a cumplir ese llamado divino; y a los dos, Dios los llevará de gloria en gloria porque obedecerán la voz de Su llamado y andarán juntos, en acuerdo.

DÉJAME ORAR POR TI

Señor, te ruego por la persona que está leyendo este libro, te pido que le des gracia, valor y sabiduría para decidir correctamente, que pueda asegurarse que la persona que elija sea con la que pueda caminar estando de acuerdo hacia un mismo fin y propósito, y que puedan ayudarse a cumplir su llamado mutuamente. Oro para que le des el mismo honor que me diste a mí, de tener una persona que te ama y que juntos puedan honrarte y honrar el llamado que les has hecho. Te pido esto en el nombre de nuestro Señor Jesucristo. Amén.

Reflexión

....
....
....
....
....
....
....
....
....
....
....
....
....
....
....
....
....

CAPÍTULO 6

NO DESISTAS EN MOMENTOS DE DESÁNIMO

«Y Jehová va delante de ti; él estará contigo, no te dejará, ni te desamparará, no temas ni te intimides.»
Deuteronomio 31:8

Esta palabra que la mayoría de nosotros guardamos en nuestro corazón y que muy probablemente tenemos que repetir en nuestra mente cada vez que tenemos alguna dificultad, nos anima y nos da la seguridad de que Dios no nos deja solos, que Él está involucrado hasta en el más mínimo detalle de nuestra complicada vida.

Es imposible que durante nuestra estadía en esta tierra, no vengan tiempos de tristeza y desánimo. Creo que precisamente son esos tiempos los encargados de formar nuestro carácter, enseñarnos sabiduría y confrontarnos con las cosas de la cuales podemos estar faltos, como la valentía, la capacidad de decidir correctamente, la gracia para enfrentar esas situaciones difíciles, y también nos recuerdan lo humanos que somos y lo muy necesitados que estamos de Dios. Necesitamos a ese Dios que nos da compañía y disipa todo temor en nosotros.

Durante todo mi proceso, desde que escuché el llamado de Dios hasta hoy día, he tenido tiempos de tristeza, desánimo, dolor y esas ganas de tirar la toalla. Cuando experimentas, la enfermedad, la escasez, la traición y tantas otras cosas, es difícil mantenerse sin sentir temor y hasta se dificulta mantenerse seguro de tu llamado. Sufrí enfermedades que me hacían sentir que casi moría, pérdidas que marcaron un antes y un después de la persona que hoy soy; pero hay algunas experiencias que rebasaron mi lógica y mi sentido de confianza en Dios. Experiencias que fueron una escuela que formó mi carácter emocional y espiritual, a la vez que me enseñó a conocer más los atributos divinos de ese Dios que tuvo a bien hacerme un llamado especial a servirle. El mayor de esos atributos mostrados a mi vida ha sido el amor.

Mi familia y yo vivimos en México durante toda mi infancia, adolescencia y juventud, hasta que me case y comencé mi propia familia. Nunca nos hizo falta nada, gracias a que tuvimos padres muy trabajadores y responsables; y aun estando casada nunca tuvimos escasez de ninguna cosa material.

Cuando llegamos a Estados Unidos, nuestra expectativa del país de las oportunidades era muy grande, pensábamos que era el país de la abundancia. Llegamos en el 2007, y al año siguiente llegó una gran recesión que dejó a muchos sin trabajo, y entre esos muchos estuvimos mi esposo y yo. Aunque yo solo trabajaba pocas horas durante la semana, ese año fue durísimo para nosotros, porque nuestros planes eran juntar dinero ese año para poder regresarnos a nuestro México, lo cual no nos fue posible, porque lo poco que habíamos ahorrado, se acabó cuando nos quedamos sin trabajo.

Hoy puedo decir que aun eso estaba cumpliendo un propósito divino, pero en ese momento no lo entendía así. Recuerdo que hablaba con Dios y le decía:

—Señor, ¿por qué permitiste que saliéramos de nuestro país, donde vivíamos tan bien? ¿Por qué traernos al país de la abundancia a experimentar la escasez?, ¡no teníamos ni siquiera 25 centavos en la cartera!

Para mí, no era lógico venir de nuestro país, donde teníamos un buen trabajo y cierta estabilidad económica, para llegar a un país millonario y no poder trabajar ni para pagar la renta o comprar alimentos. Quería regresar inmediatamente a México, pero Ricardo mi esposo me decía:

—Confía en los planes de Dios.

Mi mente no entendía cómo siendo hijos de un Rey y siervos de Dios, podíamos estar pasando semejante situación. Pero Dios, que es grande en misericordia, me estaba mostrando su fidelidad y su amor tomándose tiempo para tener detalles que me hacían recordar que Él iba delante de nosotros, que no nos había dejado solos y que debíamos echar fuera el temor y la duda.

Pienso en el profeta Elías (1 Reyes 19) mientras te cuento esto. A él también le llegó ese tiempo de desaliento, y aunque la Biblia no lo menciona explícitamente, me atrevo a pensar que también estuvo inseguro sobre su propósito y llamado.

Elías había visto el poder de Dios manifestarse con fuego sobre el altar y así demostrar que el era el verdadero Dios. Él solamente elevó una oración al cielo y fue oído, fuego cayó del cielo; en más de una ocasión, Dios lo usó para manifestar Su poder a un pueblo idólatra, pero cuando una mujer llamada Jezabel lo buscó para matarlo, sintió temor y huyó a esconderse; fue tan fuerte su temor que deseó la muerte. Cuando leo esta historia me pregunto: ¿Cómo es posible que él no pensara que si Dios lo libró de 450 profetas de Baal, no podría librarlo de la furia de una mujer?, ¿será que Elías dudó que Dios estaba con él? Dios se encargó de recordarle que estaba con él y que su trabajo aún no había terminado.

En ocasiones estamos tan enfocados en la tristeza que podemos no percatarnos de los detalles que el Señor tiene para recordarnos su amor y fidelidad. Al profeta le pasó. Mientras estaba dormido debajo de un enebro, deprimido y dejándose morir, apareció el ángel de Jehová, quien lo tocó y le dijo:

—Levántate y come.

Dios conocía la situación de su siervo Elías, y el ángel llegó para darle de comer, pues necesitaba alimentarse para seguir adelante. En dos ocasiones, el ángel lo tocó para darle ánimo para que comiera y bebiera porque Dios aún no había terminado con él. Tal vez Elías estaba tan cansado que no se percató del milagro de que un ángel estaba junto a él y no solo eso, sino que había llevado comida para alimentarlo y que no muriera de hambre y sed.

Tenemos un Dios que está en detalles que pueden pasar desapercibidos para nosotros cuando estamos en dolor, pero si solo abrimos un poco nuestros ojos, encontraremos en ellos el recordatorio de que Dios está allí para librarnos y levantarnos.

Estando Elías dentro de la cueva experimentó otro milagro: Dios le habló audiblemente y le preguntó:

—¿Qué haces aquí, Elías? Sal y ve a hacer el trabajo para el cual yo te he llamado.

El Señor lo había fortalecido; y Elías recordó, al

escuchar Su voz, que no estaba solo, y también cobró valor para seguir adelante a cumplir el propósito de su llamado. Dios lo sostuvo, y en medio de la angustia se revelo a él con detalles de amor.

Hablando de detalles, jamás olvidaré cada detalle que el Señor tuvo conmigo, especialmente cuando preservó la vida de mi hijo.

Valery, mi hija primogénita, en ese tiempo estaba por cumplir sus tres añitos y yo me encontraba embarazada de casi dos meses. Después de una hemorragia en la que los doctores en el hospital me dijeron que mi matriz ya estaba vacía y había perdido el embarazo, yo entré en una depresión de la cual pensé que podría salir fácilmente; y a esto se le sumaba la necesidad económica que teníamos: sentíamos que estábamos en caos y no sabíamos qué hacer.

El dolor por la pérdida me causó una profunda tristeza y tuve una incertidumbre tremenda por nuestro futuro; para mí fue un momento en el que sentí que el mundo se me venía abajo. Además, me sentía enojada, sin ánimo ni aliento, y pensaba en cómo aquello podría cumplir un propósito de Dios en mi vida. Me sentía vacía, abandonada por Dios, y por un momento también pensé en dejar de lado el llamado, pues para mí no tenía sentido que una persona que le sirve al Señor tenga que sentir un sufrimiento tan grande como la pérdida de un hijo.

Me sentí como Elías, quise esconderme en una cueva y no salir. Entonces, al igual que un ángel llegó a consolar a Elías, Dios mandó a mis hermanos en Cristo, que estuvieron orando por mí, para darme palabras de aliento y alimentarme mientras yo lloraba acostada en una cama. José y Silvia Miranda, que en ese tiempo eran mis pastores, nos mostraron un amor incomparable, como siempre lo hacían. De ellos aprendí el amor a las ovejas perdidas y las angustiadas. Con mucho amor nos consolaban por la pérdida, y sus palabras siempre eran remanso de paz, una paz que yo buscaba con ansias, pues no entendía cómo es que de un día para otro la alegría se había tornado en una tormenta. Ahora lo puedo ver, pero en ese momento no me percataba que las cosas aparentemente pequeñas son las más grandes muestras del amor de Dios y un recordatorio de que nuestro camino es largo, y el llamado espera que nos levantemos para continuarlo.

Una semana después de salir del hospital, tenía una cita para revisión, querían estar seguros que mi matriz había desechado todo o si era necesario hacerme un legrado. Nunca podré olvidar la cara del doctor cuando comenzó a hacerme el ultrasonido. Volteaba hacia su escritorio y revisaba los papeles del hospital y volvía a ver la pantalla del ultrasonido, varias veces lo hizo así. Mi esposo y yo estábamos un poco asustados al ver su reacción. Una vez más tomó los papeles y salió del consultorio diciéndonos que regresaría en un momento. Me entró un poco de pánico y comencé a llorar, pensando en que tal vez había visto algo malo, Mi esposo me tomó la mano y aunque noté que él también estaba un poco asustado, me dijo:

—Todo está bien.

El doctor regresó y se sentó, empezó de nuevo a trabajar en mi vientre, y con un profundo respiro volteó la pantalla del ultrasonido hacia nosotros y nos dijo:

—No puedo explicar lo que está pasando, pero aquí hay un corazón latiendo. —Y señaló con su dedo índice el corazoncito que palpitaba en esa pantalla.

No puedo decir en palabras exactas lo que sentí en ese momento. Mi esposo y yo comenzamos a llorar, pero nos veíamos y sonreíamos, no podíamos creer lo que estaba pasando. Toda una semana antes estuvimos llorando por la pérdida, incluso nuestros pastores José y Silvia Miranda habían avisado a gran parte de la congregación sobre nuestra situación y solo pensábamos en cómo les diríamos a todos que siempre sí tendríamos la bendición de ser padres por segunda vez.

Dios nos sorprendió de una manera sobrenatural y supe una vez más que Él cumple sus promesas, que Él estaba con nosotros y estaba trabajando para cumplir sus propósitos no solo en nosotros, sino también en nuestros hijos. Mi carácter necesitaba ser pulido, mi confianza en sus propósitos y en mi llamado necesitaban ser restaurados y cada dificultad estaba siendo parte de esa restauración.

EL BILLETE DE 5 DÓLARES

Teniendo mi embarazo algo avanzado, una pequeñita de casi tres años que era algo demandante y sin ningún dólar en la cartera, era una verdadera prueba de resistencia y fe. Mi pequeña Valery me dijo rogando que quería una paleta. No sabía cómo explicarle a esa pequeñita que no teníamos dinero ni siquiera para eso. Ese día, gracias a Dios, Ricardo pudo hacer un trabajo y tenía esperanza de comprarle a mi niña su paleta, pero ella lloraba en ese momento por ir a la tienda por su tan anhelado dulce. Entonces se me ocurrió que si la llevaba al parque, se cansaría y se olvidaría que tenía el antojo, así que salimos caminando en dirección al parque y recuerdo que no paraba de platicarle cosas chistosas, historias y hasta cantarle para lograr desviarla de su idea de comprar una paleta.

—Vamos a ir al parque un rato, mi amor, y después podemos ir a buscar la paleta, ¿te parece?

—¡Sí, mami! —me contestó.

Fue muy devastador para mí el hecho de no poder ir a la tienda a comprarle un simple dulce de 50 centavos a mi pequeña. Me preguntaba cómo siendo hija del dueño del mundo no podía tener ni siquiera una moneda en mi bolsillo. Otra vez me sentí adolorida, y aunque Dios se había mostrado preservando la vida de mi hijo, nuestro estado económico otra vez me llevó a la duda. Pero allí vino de nuevo la mano de Dios de una manera sobrenatural para recordarme que aun no tener una moneda en mi cartera era parte de la escuela que me estaba enseñando lo que es la dependencia total de Dios y el valor de la confianza en Él.

Estuve jugando con mi hija durante casi dos horas y de vez en cuando me salía una lágrima de frustración porque sabía que no podría comprarle su paleta. No sé quién de las dos se cansó primero, pero consideré que tal vez ya se le había quitado el antojo. Cuando la tomé de la mano para ir a casa, me dijo:

—Pero, mami, la tienda esta del otro lado

Otra vez recurrí a inventarle algo.
—Ay, se me olvidó el dinero y tenemos que ir a casa por él.

Dimos unos cuantos pasos y de pronto vi un billete de cinco dólares tirado junto a un poste de luz. Miré hacia todos lados para ver si había alguna persona a quien preguntarle si había perdido un billete; no quería sentirme como una ladrona, pero la calle estaba vacía, solo estábamos mi niña y yo. Entonces miré al cielo y le pregunté al Señor:

—Señor, ¿tú me mandaste este billete?

Lo pregunté con una sonrisa nerviosa y con incredulidad, pero mi corazón sintió paz, así que tomé ese billete y consideré que era nuestro. Mi hija me miró y me dijo:

—Mami, vamos por mi paleta.

Con lágrimas en mis ojos y viendo la alegría de mi muñeca, la llevé hacia la tienda y las dos regresamos a casa felizmente disfrutando una deliciosa paleta.

Creo que fue una intervención divida, un detalle de amor que calmó mi angustia y me recordó que todo lo que estábamos pasando era parte del plan de Dios, que nos preparaba para aprender a vivir dependiendo de Él, pues lo que venía era una asignación que no sería para nada fácil.

Dios es tan bueno y detallista, y me sorprendió una vez más con sus muestras de fidelidad, porque cuando mi confianza flaquea y llega la duda, Él se encarga de recordarme que no miente y que está pendiente de mí y de mi familia. Lo hizo con Elías, lo hizo conmigo y estoy segura de que lo hace contigo.

Hoy he aprendido que en medio de la angustia debo estar más atenta a los detalles que me muestran Su infinita bondad y los planes perfectos que tiene para mí, pero también para todo aquel que tiene un especial llamado.

Quiero animarte a no desistir, no permitas que el desánimo te haga encerrarte en una cueva que alimenta tu tristeza o desilusión, y te impide seguir adelante. Mira a tu alrededor, cualquier detalle puede ser una muestra de Su amor, presencia, compañía y provisión. Cuando una persona llega, te toca el hombro, debes saber que es un ángel enviado por Dios, para fortalecerte y recordarte que está contigo y que si Él te llamó, Él se hace responsable por ti, nunca dudes eso. Si en momentos de escasez, abres bien los ojos, encontrarás un billete de cinco dólares que Dios te dejó por ahí; y te asegurarás de que nunca la prueba será más grande que la respuesta y que todo proceso está cumpliendo el plan de Dios en tu vida.

Si estás pasando por este tiempo de dificultad, si sientes angustia, dolor, frustración y desesperanza, quiero recordarte que Aquel que te llamó es fiel para hacer las cosas mucho más abundantes de lo que crees o entiendes; jamás soltará tu mano, así que no sueltes la suya. En el desierto o en la cueva, Él se hará presente con grandes o pequeños detalles de amor.

OREMOS

Padre amado, quiero rendir a ti mis angustias, dudas y temores, sabiendo que has prometido estar conmigo y que el desierto y la cueva son oportunidades maravillosas para ver esas muestras de tu amor que me alientan y me dan fortaleza para seguir adelante, en el cumplimiento del llamado que me has hecho. Gracias por esas personas que envías para darme un abrazo de tu parte; aunque ellos no lo sepan, yo lo sé, sé que tu presencia es tan real que puedo descansar en ella y darte gloria, pues jamás dejarás de cumplir tus promesas. Gracias, Señor, por animarme y siempre levantarme con tantos detalles de amor. Amén.

Reflexión

Reflexión

....

....

....

....

....

....

....

....

....

....

....

....

....

....

....

....

CAPÍTULO 7

ENFRENTANDO LAS CRITICAS

*«Bienaventurados sois cuando por mi causa os
vituperen y os persigan, y digan toda clase de mal contra
nosotros mintiendo. Gozaos y alegraos, porque vuestro
galardón es grande en los cielos; porque así persiguieron
a los profetas que fueron antes de vosotros.»*
Mateo 5:11-12

Las cosas más duras de enfrentar cuando has
declarado públicamente que has oído la voz de Dios que
te llama, son las burlas y críticas de aquellos que no creen
que Dios ha puesto sobre ti un propósito y un llamado
especial. Siempre existirán este tipo de personas.

Para mí, ha sido una lección de vida ministerial.
Aprendí a vivir con eso, porque por aquellos que no
creyeron en mi llamado, la voz de Dios se hizo más
fuerte, y ellos mismos fueron el medio para que se

cumpla esta escritura de Mateo. Hubo muchas personas que me animaban a servir, solían siempre darme palabras alentadoras —se sorprendían de que una jovencita tuviera la disposición de servir—; pero también muchos se burlaron cuando les dije que sentía el llamado de Dios para ir a la escuela bíblica. Escuché frases como:

-¿Tú?, ¿de verdad?, yo lo esperaba de fulanita que se veía mas espiritual, no de ti.

-¿Pero cómo te vas a meter de lleno a eso, si tienes la capacidad de obtener una profesión secular?

-Eres muy joven para eso. ¿Estás segura de que fue Dios quien te habló?

-No creo que debas hacerlo, eso es para personas con más capacidad espiritual que tú.

-Deberías observar el ministerio de otros para que veas lo difícil que es.

Pero solo era el inicio de una lucha con las críticas y razonamientos que estarían llegando a mi vida. Comencé una lucha fuerte conmigo misma, porque quería agradar a todos, no quería que nadie se sintiera ofendido con mis decisiones, procuraba hacer las cosas de acuerdo a lo que los demás podían pensar o sentir y me importaban mucho las opiniones de algunos, pero en el intento me di cuenta de algunas cosas.

La primera, es que jamás podré llenar y agradar las expectativas que la gente tenga sobre mí.

La segunda, es que siempre que mi mayor esfuerzo esté en agradar a las personas, probablemente estaré desagradando a Dios, porque lo que la gente demandaba de mí no se parecía a lo que Dios quería; así que muchas veces sentía satisfacción de agradar a las personas, pero sentía después remordimiento pues no estaba bien con Dios.

Cuando estaba cursando el tercer año de la escuela bíblica, la pequeña iglesia de mi pueblo de la cual yo era miembro se quedó sin pastor, lo que me causó una gran tristeza. Mi pueblo quedaba a dos horas de distancia desde la ciudad, y era humilde y de gente sencilla. Me pregunté quién querría ir a servir en ese lugar. Al no ser una situación fácil de resolver para el distrito encargado, me hicieron la invitación, obviamente recomendada por mi pastor que en ese tiempo era mi tío, Juan Cigarroa; y yo tenía tantos deseos de comenzar a practicar tantas cosas que estaba aprendiendo que, aunque sentía mucho temor, dije que sí. Solo tenía veinte años y ya me había echado encima la responsabilidad de estar al frente de una iglesia en el pueblo La Soledad. Siempre decía que jamás podría estar en esa posición sola por ser mujer, pero estuvo de acuerdo porque sabía que no sería fácil que alguien acepte ir a ese pueblito, además solo sería temporal.

En esos días, nuestra sección tuvo una confraternidad en la cual anunciarían que yo sería la encargada interina de la iglesia Monte de los Olivos. Estaba emocionada y muy contenta de poder servir a Dios, ayudando a crecer a otros en su caminar espiritual y haciendo obra de evangelismo. Cuando la reunión terminó, uno de los miembros de la directiva distrital, un hombre de Dios, respetable y maestro de la escuela bíblica, se acercó a mí, y en un tono un tanto irónico, me dijo:

—Pues felicidades, ¿cuántos años tienes?

—Veinte —_contesté.

—Bueno, eres muy joven, vamos a ver si puedes hacer algo para continuar esa obra.

Sus palabras golpearon fuerte mi corazón; pero inmediatamente tomé valor y le respondí:

—Yo no voy a hacer nada, todo lo hará el Señor; yo solo soy una persona puesta a su disposición.

Me sonrió, sorprendido, porque normalmente yo era muy callada.

—Muy bien; Dios te bendiga —dijo y siguió su camino.

Allí me di cuenta de que siempre habrá personas que no creerán en tu llamado, y otras que criticarán y cuestionarán tus decisiones, algunas de manera bien intencionada, pero otras no tanto. Las críticas siempre vendrán en forma de queja, reclamo o incomodidad por tus acciones o decisiones.

Hablemos un poco del rey Saúl. La Biblia dice en el primer libro de Samuel, capítulo 9, que Saúl era joven y hermoso como ningún otro. A Cis, su padre, se le habían desaparecido las asnas, por lo que mandó a su hijo a buscarlas. Él fue de pueblo en pueblo buscándolas hasta llegar a donde el profeta Samuel, ya que escuchó que él podría revelarle dónde podrían estar las asnas que buscaba. Un día antes de que Saúl llegara con Samuel, Dios ya le había dicho al profeta que enviaría al hombre que ungiría como rey de Israel., y así lo hizo, no solo le resolvió el asunto de las asnas, sino que también lo ungió, diciéndole que Dios lo había escogido para ser rey. Esto me lleva a pensar que Dios planeó que las asnas se perdieran para así encaminar a Saúl a conocer el propósito que tenía para él. El mismo Saúl preguntaba:

—¿Cómo es que alguien de la tribu más pequeña de Israel podría ser elegido por Dios como rey?

Samuel invitó a Saúl a comer con él. Le dio instrucciones de las señales que recibiría en el camino de regreso, para que así confirmara que las palabras de Samuel eran verdaderas y provenían de Dios. Una de ellas fue que él sería lleno del poder de Dios, profetizaría y su corazón sería mudado; no sería el mismo hombre, y la gente lo notó, incluso aquellos que no creían en su llamado.

Qué chistoso es que cuando buscaban a Saúl para presentarlo como rey, no lo encontraron, pues estaba escondido en el bagaje. Tal vez sentía temor de la reacción del pueblo y dudaba de ser el indicado. Pero por más que se escondiera, Dios sabía dónde estaba, y se lo reveló al profeta Samuel. Dios escuchó el clamor del pueblo que pedía rey, así que acogió a un hombre de la tribu de Benjamín. Pudo haber elegido a otro de alguna tribu más poderosa y con mejores capacidades, pero le plació poner sus ojos en Saúl, y al profeta Samuel le ordenó ungirlo. Muchos estaban felices con su nuevo rey, pero en el capítulo 10 dice que hubo algunos perversos que lo veían como alguien insignificante para reinar, y en presencia de Saúl hicieron comentarios despectivos e incluso que le hicieron ver que no creían que fuera el escogido de Dios. Pero Saúl simplemente ignoró esos cometarios, y se dedicó a cumplir su llamado para demostrar con sus hechos que Dios cumpliría sus propósitos, porque Él fue quien lo llamó. Esta reacción de Saúl es digna de ser admirada y practicada: ignoró los comentarios que se hacían con toda la intención de menospreciarlo y avergonzarlo. Él usó sabiduría, lo cual mantuvo su propia paz mental y espiritual.

En muchas ocasiones, yo escuchaba las críticas y mi corazón desfallecía, pues me hacían dudar de mi capacidad para obedecer mi llamado, se me olvidaba que este provenía de Dios y que Él mismo me estaba preparando para cumplir su propósito. Tenía veinte años y me faltaba mucha madurez, esa fue una de las principales quejas que escuchaba: «¿Qué puede enseñarnos alguien tan joven e inmadura?, ella no tiene experiencia en liderar una iglesia». Y sumado a eso, la mayoría de los miembros de la congregación eran mi familia, así que el reto era mayor.

Cada miembro de esa pequeña congregación me tuvo amor y respeto; pero las quejas tampoco se hicieron esperar. No les gustaba la forma de evangelismo que yo usaba; que las bocinas se escuchaban fuerte y yo no pensaba en los ancianos; que mis ideas eran muy liberales para su manera de pensar; y muchas otras quejas que infundían desánimo. Al verme joven, muchos mayores pensaban que podrían decirme cómo hacer las cosas, y claro que me gustaba escuchar el consejo y poner algunos en práctica, pero algunos, más que consejos era órdenes y los decían en un tono que me daba a entender que no creían que yo podía dejarme guiar por Dios, e indirectamente me decían que ellos sabían hacer mejor las cosas que yo. Esto en algún momento me turbó, porque pudiera ser relativamente cierto que mi juventud e inexperiencia podían llevarme a hacer cosas incorrectas, y cuando esto pasaba, iba a Dios y le preguntaba:

—¿Por qué no los llamaste a ellos en vez de a mí?

Mi ánimo menguaba, pero el Señor siempre fue fiel a su promesa de estar conmigo y me daba aliento para cada día, y así fui aprendiendo poco a poco a enfrentar la crítica y no dejar que se convirtiera en una amenaza para mi estado emocional y espiritual.

Una manera que yo encontré para identificar si la critica es constructiva o si tiene la intención de destruir, es determinar de quién proviene. Si viene de una persona necia, maliciosa, inconstante en lo que hace y que no da buen ejemplo de crecimiento, lo mejor para la salud emocional y espiritual es ignorarla. Pero si por el contrario, viene de una persona sabia, que está en constante crecimiento y es de buen testimonio, vale la pena escuchar y analizar, pues tal vez sea buena e incluso sea Dios mismo usando a esa persona para hablarte sobre sus propósitos.

El mejor ejemplo para enfrentar las críticas es el rey Saúl: él ignoró los comentarios negativos. No vale la pena desgastarse emocionalmente por lo que al final solo son opiniones que no determinan quién eres o cuál es tu llamado delante de Dios.

Ahora, con esto no quiero decir que debemos rechazar todas las críticas, sino que debemos aprender a escucharlas de las personas correctas, aquellas que sabemos que tienen en ellas toda la intención de hacernos crecer y madurar, y con amor nos dicen lo que creen que estamos haciendo mal o en qué podemos mejorar. No solo escuches adulaciones o palabras de ánimo y reconocimiento; cuando las críticas lleguen, si son bien intencionadas y tú lo sabes, escúchalas y medítalas, pues te van a ayudar a crecer; si por el contrario, sabes que tienen una intención maliciosa, ignóralas, sigue amando a esas personas y ora por ellas, que con tu ejemplo y testimonio de fe, y con tu arduo trabajo en la obra del Señor, ellos entenderán lo equivocados que pueden estar. Que tu mejor arma para apaciguar a los mal intencionados sea tu ejemplo al obedecer tu llamado, porque es Dios quien se encarga de exaltarte cuando sea el tiempo.

Hay otro consejo que quisiera compartir contigo, y como decimos los mexicanos, voy a voltear la tortilla. Sé tú de esos que cuando da una crítica, siempre tiene la intención de ayudar a crecer a alguien, de animar y levantar.

En medio de estos tiempos difíciles, lo que más necesitamos es gente que crea en el llamado que Dios le está haciendo. Si puedes confirmarlo en vez de apagarlo, entonces confírmaselo a alguien; necesitamos más trabajadores que nos ayuden a compartir el evangelio de Cristo, y eso lo lograremos, si en vez de criticar la vida y ministerio de otros, les ayudamos a crecer y les animamos con amor y una buena intención.

Hoy te animo a no dejarte llevar por las críticas; ignora aquella que no te dejan crecer, y toma aquellas que te dan experiencia y sabiduría. Te insto también a bendecir a otros con palabras de confirmación; permítete corregir a otros, siempre y cuando sepas que Dios es quien te guía a hacerlo, y hazlo con amor, porque si eres guiado por Dios, habrá un buen fruto.

OREMOS JUNTOS

Padre, que estás en el cielo y en todo lugar, hoy oramos por aquellos que han sido heridos en su vida y ministerio con críticas mal intencionadas, te pedimos que su corazón sea sanado, que encuentren el perdón para aquellos que les han hecho sentir que su llamado no es real; dales nuevas fuerzas y la capacidad de ignorar los malos comentarios y seguir amando a quienes se los hacen. Ayúdales a continuar su labor para que los reproches pierdan valor y que Tú seas Su ayuda y paz. Rogamos esto en el nombre del Padre, Hijo y Espíritu Santo. Amén.

Reflexión

....
....
....
....
....
....
....
....
....
....
....
....
....
....
....
....
....

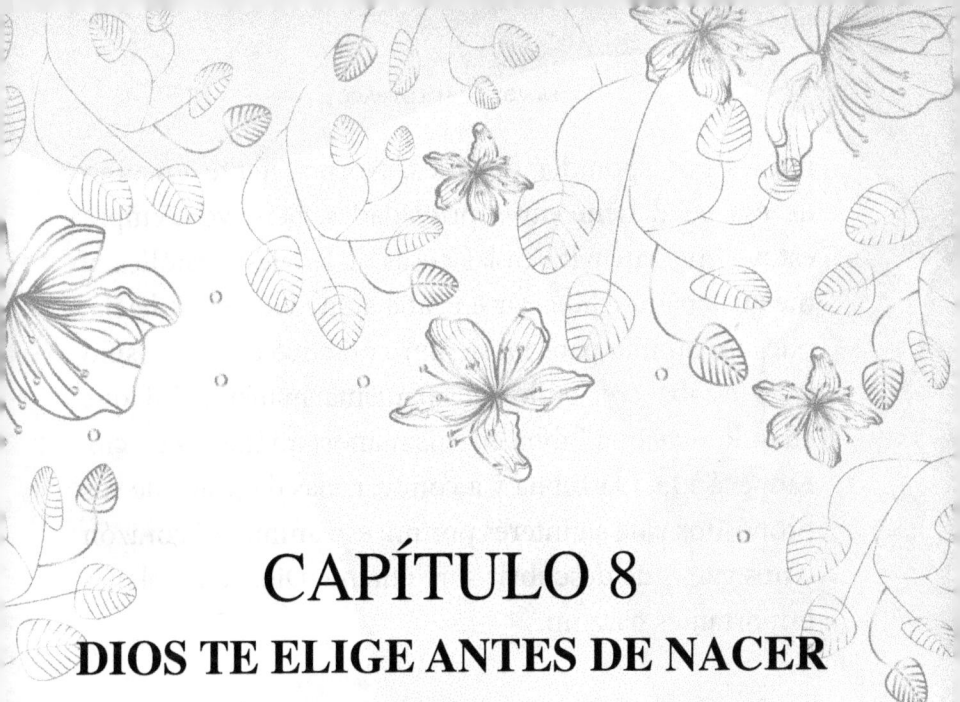

CAPÍTULO 8

DIOS TE ELIGE ANTES DE NACER

«Antes que te formase en el vientre te conocí,
y antes que nacieses te santifique,
te di por profeta a las naciones.» Jeremías 1:5

¿Alguna vez has sentido que Dios te ha llamado? ¿Qué edad tenías cuando sentiste ese llamado? Para mí, fue a los dieciséis años, después de una infancia linda, en donde estaba en proceso de conocer a Dios y Su Palabra y de sentir un hambre profunda por su presencia, experimenté la hermosa dicha de escuchar la voz de Dios a través de lo que pasaba a mi alrededor. Parece una locura lo que digo, ¿no? Desde mis nueve años comenzamos a ir a reuniones cristianas en mi pueblo, gracias a que un tío por parte de mi mamá nos llevó el mensaje del evangelio; y tuve mucha curiosidad por aprender acerca de ese libro llamado Biblia que mi tío nos regaló. Para ser una niña pequeña, tenía mucho interés por aprender de Jesús. Normalmente un niño de esa edad tiene otras prioridades, pero yo siempre estuve muy envuelta en las cosas de la iglesia católica, y me gustaba mucho estar en cada actividad que se hacía, pues mi familia paterna siempre practicó el catolicismo y yo estaba creciendo de la misma manera. Así que cuando tuve una Biblia en mis manos, mi interés creció. Empecé a leer la Biblia y a conocer más de Jesús, de sus propósitos y de su interés por mí; eso animó mi corazón y mis ganas de descubrir si realmente Dios tenía planes importantes para mí.

Jamás olvidaré que en ese tiempo estaba tomando clases a las que los católicos llaman catecismo, inocentemente se me ocurrió llevarme la Biblia a una de esas clases, y cuando la maestra preguntó por qué llevaba ese libro, recuerdo que solo le contesté:

—Lo estoy leyendo.

Noté su cara de asombro; tomó mi Biblia en sus manos, y me dijo:

—Cuidaré tu libro mientras tenemos la clase, porque solo usaremos nuestro libro de catecismo.

Yo tomé mi asiento y esperé que la clase terminara.

Cuando ella nos despidió, inmediatamente le pregunté si podría darme mi libro, me lo dio y dijo con una voz nerviosa:

—Esto es para gente adulta.

Tal vez se percató de que los evangelistas habían llegado a un pueblo cien por ciento católico a querer cambiar a las personas y convertirlas en Aleluyas, como nos llamaban. Pero la actitud y respuesta de la maestra de catecismo, lejos de desanimarme, me inyectó mucha más curiosidad por leer la Biblia.

Mi familia poco a poco fue envolviéndose en la verdad de la Palabra de Dios y uno a uno fueron teniendo un encuentro con Cristo que los hizo convertirse al cristianismo no por una emoción, sino porque conocimos de una manera más personal al Dios que murió por nosotros y perdono nuestros pecados. Un Dios que quería de nosotros algo más que costumbres y tradiciones —que fue lo que conocíamos—, y quería que tuviéramos una vida diferente de obediencia y compromiso hacia Él.

Al llegar a mis doce años, aunque por devoción ya reconocía la iglesia cristiana como mi iglesia, decidí con toda convicción, aceptar a Cristo como mi único salvador. Había escuchado tantas veces la oración de fe en tantas personas, que el día que me tocó hacerla, no necesité de nadie que me guiara. En un servicio normal, sentí un fuego ardiendo en mi corazón y entendí que ese era el día de salvación para mí; hice la oración de fe y lloré como una niña pequeña sintiendo el toque del Espíritu Santo de una manera sobrenatural, entonces supe que ese era el lugar donde yo quería estar y no necesitaba nada más que Su presencia. Desde ese dia yo quería que me pusieran a servir en la iglesia en lo que fuera: ayudaba a limpiar, a acomodar las tablas encima de unas cubetas para la clase de los niños debajo de un árbol; incluso recuerdo que el hermano que estaba encargado de las reuniones llevaba una bocina pequeña en la que conectaba un micrófono y yo me ofrecía a sostenerle el micrófono para que él cantara mientras tocaba su guitarra; y así fui involucrándome en el servicio a Dios, hasta que a los catorce años, después de haberme bautizado, me ofrecí para darle la clase dominical a los niños; de allí hasta hoy, siempre tengo trabajo que hacer para la obra del Señor.

Mira que interesante la palabra que Dios le da al profeta Jeremías: «Antes que nacieras te escogí».

Para mí es difícil explicar cómo es que el Señor tiene planes para nosotros desde antes de nacer. Esto me recuerda otra parte de la Escritura, en el Salmo 139, dice que Él nos hizo en el vientre de nuestra madre, Él mismo nos formó, nos entretejió y diseñó un plan para nosotros. Dios es el creador de todo; pero para que su plan y propósito se cumpla en nuestra vida, tenemos que hacer nuestra parte, pues aunque Él ya diseñó el plan, nunca nos obliga a cumplirlo, Él siempre tratará de enseñarnos y llamarnos con amor, pero nunca en contra de nuestra voluntad. Dios siempre nos dejará decidir, y nuestro deseo debe ser que cada uno de esos planes que ya escribió, se cumplan, pues sus planes siempre son de bien.

Cuando leo que Dios escogió al profeta Jeremías, pienso en que definitivamente Él elige personas específicas para trabajos específicos. En la Biblia encontramos varias ocasiones en las que se refiere a que Dios escogió a uno u otro hombre para cierta asignación. Por ejemplo, escogió a Moisés y no a otro hombre de los que vivían en el pueblo de Israel; escogió a Sansón, aun con sus debilidades, para salvar al pueblo de los filisteos; y así pudiéramos mencionar a muchos otros que Dios eligió y apartó.

Dios escogió, Dios eligió, Dios apartó. Estas frases muestran que el Señor de entre tanta gente, selecciona personas de acuerdo con su propósito: las crea, las llama, las prepara y las envía porque necesita hombres y mujeres a disposición para cumplir Su plan para la humanidad.

Hablemos un poco más de Jeremías. Se cree que tenía unos veinte años cuando el Señor lo llamó; era un muchacho joven que en este tiempo podemos pensar que era inmaduro y sin ninguna experiencia en el ministerio de la profecía. Vivía en un tiempo donde el pueblo había abandonado a Jehová y adoraba a otros dioses, por lo que un llamado a dar palabra de Dios a gente rebelde era todo un reto, sobre todo si incluía el anuncio de la conquista del pueblo por los babilonios.

Dios le habla a Jeremías, y lo primero que le dice es algo maravilloso:

«Antes que te formara en el vientre, te conocí, y antes que nacieras, te santifique, te di por profeta a las naciones.» Jeremías 1:4

Un plan bien pensado para formar un profeta que llevara el mensaje a su pueblo amado. Lo primero que hacemos la mayoría de los que hemos recibido un llamado, es exponerle a Dios nuestras debilidades y carencias. Así lo hizo Jeremías:

«Yo dije: Ah, ah, ¡Señor Jehová! ¡yo no se hablar!, porque soy un muchacho!» Jeremías 1:6

Me atrevo a pensar que Jeremías tuvo temor de tan grande responsabilidad, y por ello se criticó así mismo, describiéndose ante el Señor como una persona tímida que tenía temor hablar en público, y como un joven al que todos menospreciarían por no tener una edad que la gente consideraría madura.

¡Qué bello cómo Dios hizo frente a sus objeciones una a una y le dio la confianza al decirle que no se preocupase por su edad, porque Él mismo pondría las palabras en su boca, que no tuviese temor de quienes lo pudieran menospreciar o perseguir, porque Él mismo estaría con él para librarlo! Esas promesas son las que fortalecieron a Jeremías y le dieron el valor para decir «sí» al llamado.

«Me dijo Jehová: No dirás "soy un muchacho", porque a todo lo que te envíe iras, y dirás todo lo que te mande. No temas delante de ellos, porque contigo estoy para librarte, dice Jehová.» Jeremías 1:7-8

Me identifico con Jeremías. Me sentía tímida e inmadura, mi temor a hablar en público y decir algo incorrecto me superaban, y pensar que todos a mi alrededor no creerían que Dios podía llamar a una joven inexperta como yo, me hacía dudar que podía con la asignación que Dios me había encomendado.

¿Qué harías si Dios te llamara a predicar a un lugar a donde muy pocas personas estarían dispuestas a ir?, ¿cómo reaccionarias?, ¿qué cosa te inspiraría a cumplir con tan grande misión? Probablemente surgirán en tu mente las mismas preguntas que tuve: «¿Yo?, ¿de verdad tendré un llamado?», «No estoy capacitada para un llamado así.», «¿No soy acaso muy joven, débil y sin experiencia?», «¿Quién va a creer en mi llamado?», «¿Quién va a confiar en mí?», «¿Cómo voy a sostener un ministerio?».

En medio de mi temor y de tantos cuestionamientos, Dios siempre se hizo presente y me contestó una a una todas mis preguntas. Cuando leí las palabras que le dio a Jeremías, fue como si me las estuviera diciendo a mí, dándome la misma confianza que le dio a él, dándome la seguridad de que Él me capacitaría.

Hasta hoy esa palabra hace eco en mis oídos, Él solo necesitaba mi disposición.

Muchos no creerán en tu llamado, incluso los más cercanos a ti; pero Dios cree en ti, por eso te llamó, y cuando los incrédulos en ti vean la gloria de Dios manifestada sobre tu vida y tu ejemplo de servicio y amor, serán avergonzados. Cuando se burlen de ti y te persigan, permanece quieto y en silencio, y verás cómo Dios cumple su promesa de defenderte; lo hizo con Jeremías, lo hace conmigo y lo hará también contigo.

Cuando te preguntes: «¿Cómo voy a sostener el ministerio?», solo recuerda que Aquel que te llamó es suficiente para sostenerte. En nuestro caso, por ejemplo, Dios le ha permitido a mi esposo tener un buen trabajo, y aunque estamos en el ministerio pastoral prácticamente a tiempo completo en una iglesia pequeña que pastoreamos y que ve por nosotros en la medida de lo posible; algunas ocasiones en las que estuvimos sin trabajo, Dios ha usado personas para bendecirnos de muchas maneras, pero te aseguro que nunca tendrás falta de lo necesario, porque Él lo ha prometido.

Durante el tiempo de recesión en el 2008 que nos tocó vivir, un día nos levantamos muy temprano a orar, y mi niña —que en ese tiempo estaba por cumplir dos añitos— estaba usando el ultimo pañal que tenía, así que en mi oración le pedí al Señor que por favor nos diera trabajo y nos ayudara para que a partir de ese día mi niña pudiera aprender a ir al baño solita. Mientras nos levantábamos de nuestra oración, alguien llamó a mi esposo para que fuera a trabajar por algunos días; dimos gracias a Dios por tan grande respuesta. Como al medio día, alguien tocó la puerta, cuando fui a abrir, lo primero que vi fue una caja de pañales; era mi vecina parada frente a mi, y aunque conocía de Dios, no asistía a la iglesia, pero me dijo:

—Fíjate que andaba en la tienda y justo cuando pasé por donde estaban los pañales, me acorde de tu bebé y quise traerlos para ella.

No pude evitar que mis lágrimas salieran; y siempre que cuento esto vuelvo a llorar.

Le conté que mi niña estaba usando el último pañal que tenía, y que no teníamos más dinero para comprar, le dejé saber que Dios la usó para suplir nuestra necesidad; ella no lo podía creer, pero después de eso ella tomó el paso de ir a la iglesia, entendiendo que Dios también quería usarla y tenía propósitos por ella. Con esos detalles, supe que Dios siempre nos sostendría.

No dudes más del llamado que Dios te está haciendo; atrévete a creerle, confía en Sus promesas, deja que Su voz ahuyente todo temor y no esperes que los de tu alrededor crean o confíen en ese llamado, toma eso como la primera señal de que has sido escogido. Sé ejemplo, trabaja duro por el Señor, ama a los que te menosprecian y critican.

Sigue adelante, cuando los gigantes se levanten, sigue adelante, cuando te persigan y ultrajen, sigue adelante y recuerda que Dios pelea por ti. No te inquietes, no te intimides, no desistas, porque, aunque seas golpeado en esta batalla, te aseguro que no serás derribado. Las almas necesitan gente valiente y esforzada que obedezca al Señor, necesitan gente dispuesta a mostrarles el amor de Cristo, con pasión, servicio y sencillez de espíritu.

Es válido tener preguntas que hacerle al Señor, y es hermoso ver cómo Él se encarga de resolver cada una de ellas con gestos de amor, con pequeños y grandes milagros que verás a lo largo de tu ministerio. Déjate guiar por Él y te llevará paso a paso al cumplimiento de tu llamado. La única manera de encontrar la respuesta a todas nuestras dudas es atreviéndonos.

Aun con todo y temor, lánzate a esta aventura y poco a poco ese temor será disipado y ya no te dominará.

El gran Dios que te está llamando, quiere tu «sí». Y no hay nada más hermoso que pelear batallas y obedecer un llamado sabiendo que quien te llamó tiene el plan perfectamente trazado desde antes que nacieras; créelo, si Él mismo te entretejió en el vientre de tu madre, es porque ya tenía un propósito y plan para ti, y son de bien. Aunque en el camino siempre surgirán más preguntas, déjame decirte que nuestro Dios es quien tiene todas las respuestas; nunca te dejará solo pues Él cree en ti, te preparará, te defenderá, te sostendrá hoy y hasta el fin.

OREMOS JUNTOS

Amado Dios, creador del cielo y la tierra, Creador mío, hoy rindo mi vida a ti, a tu llamado, reconozco mis incapacidades, pero también tu poder para prepararme y convertir esas debilidades en herramientas de poder, que me servirán para cumplir ese maravilloso llamado que me has hecho. Te entrego todos mis temores y ofrezco mi vida entera a tu servicio, confiando en tus maravillosas promesas. Decido aceptar tu llamado, sabiendo que tu presencia estará conmigo y que tu Espíritu Santo será mi guía por siempre. Amén.

Reflexión

....
....
....
....
....
....
....
....
....
....
....
....
....
....
....
....
....
....

Reflexión

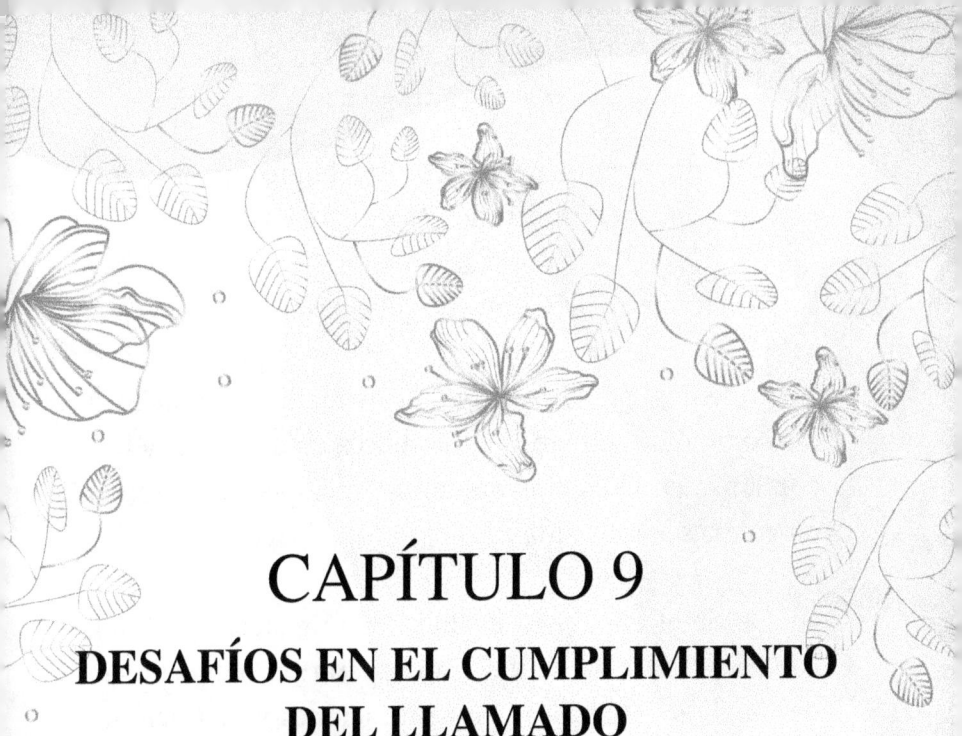

CAPÍTULO 9

DESAFÍOS EN EL CUMPLIMIENTO DEL LLAMADO

«Pero tenemos este tesoro en vasos de barro, para que la excelencia del poder sea de Dios, y no de nosotros, que estamos atribulados en todo, mas no angustiados; en apuros, mas no desesperados; perseguidos, mas no desamparados; derribados, pero no destruidos.»
2 Corintios 4:7-9

Como dice este versículo de Corintios, las tribulaciones, las angustias, los apuros, las persecuciones y los fracasos que podamos tener son parte de nuestro camino ministerial y también de nuestro crecimiento. Podríamos preguntarnos por qué pasar por todas estas cosas, pero hoy puedo decirte que son necesarias para formar tu carácter espiritual, para fundamentar tu fe, para darte cuenta de que necesitas al Todopoderoso para seguir adelante.

LA VOZ DE *SU* LLAMADO

Cuando cuento las cosas que hemos pasado mi esposo y yo en el ministerio, y alguien nos dice:

—Si le sirven al Señor, ¿por qué pasan por todo eso?

Podemos decir, con toda seguridad, que gracias a esas dificultades, hemos aprendido a crecer nuestra fe y confianza en Dios y mantener una perspectiva correcta de quiénes somos ante Él.

Desde el comienzo de nuestro ministerio pastoral, las dificultades no se hicieron esperar: el menosprecio de muchos, las críticas, murmuraciones y acusaciones falsas de otros, la falta de solvencia económica, la traición, y muchas otras que en el principio no supimos manejar y muchas veces las enfrentamos de manera incorrecta, lo cual nos llevó a tener altos niveles de frustración y tristeza. Éramos jóvenes y no teníamos experiencia para resolver todo eso, pero si no fuera por esas experiencias, entonces hoy seguiríamos sin saber cómo actuar. Hemos entendido que durante toda la vida de nuestro ministerio, estas cosas siempre van a existir. Sé que esto no es algo que quieras escuchar, pero es así, siempre tendremos este tipo de dificultades. Lo importante es que después de enfrentarlas varias veces, te des cuenta que cada vez las enfrentas de manera más madura, con mayor entendimiento, con más prudencia para contestar y resolver, pero sobre todo con más amor y compasión hacia a aquellos que te lastiman y hacen que tu ministerio se torne difícil.

112

Cuando llegamos a la iglesia Faith, Hope and Love Center, donde hoy tenemos el privilegio de pastorear, había unas ocho personas, entre ellas una en especial que no nos recibió con tanto agrado. Para nosotros hasta cierto punto era normal, ya que su actitud hacia nosotros siempre fue defensiva y nos dejó claro que no nos aceptaría tan fácilmente, lo cual hacía desfallecer nuestro corazón, pero estábamos determinados a continuar trabajando, porque entendíamos que fue Dios quien nos puso en ese lugar. Pasaban los días, y por más que tratábamos de ganarnos su corazón, parecía que se había cerrado totalmente a nosotros, al grado de estar buscando forma de acusarnos ante los demás hermanos y ante nuestro distrito. Cuando no pudo más, en su afán de hacernos sentir que no estábamos bienvenidos a su corazón, nos expresó firmemente y en palabras claras, que ella no nos veía como sus pastores y que estaba orando para que nosotros saliéramos de la iglesia, porque no creía que fuera de Dios que estuviéramos allí. Eso fomentó un ambiente tenso, pero nos enfocamos en oración, para que Dios nos guiara sobre esa situación. Cuando ella nos dijo que estaría orando para que nosotros nos fuéramos, yo le respondí tranquilamente:

—Yo le estaré ayudando a orar por eso, mi hermana, porque definitivamente si a Dios le place, nos sacará de aquí; pero si Él quiere y es Su voluntad, nos vamos a quedar, porque Su voluntad es perfecta.

Mi esposo y yo llorábamos en nuestra oración, y el

Señor nos daba paz, al mismo tiempo que nos mostraba que nos quería en esta iglesia y que nos fortalecería y defendería.

Después de un tiempo ella hizo una acusación ante el distrito, alegando que usábamos el dinero de una manera incorrecta, cuando la única que tenía acceso al dinero era ella, así que su acusación carecía de pruebas y de sentido, y fue muy evidente que lo hacia con la intención de que nos fuéramos de la iglesia. En esa ocasión, mi esposo y yo optamos por guardar silencio y dejar que Dios nos defendiera, y así fue.

Después de esa ocasión, la hermana renunció a su cargo y a la iglesia, ya que insistía en que no creía que fuera la voluntad de Dios que fuéramos sus pastores. Sé que fue duro para ella, pero para nosotros fue frustrante trabajar por ganarse el corazón de alguien y fracasar en el intento. Aprendimos mucho de esa experiencia y creo que hoy entendemos que Dios, dentro de su voluntad, siempre tendrá los tiempos, los lugares, las personas y las maneras de enseñarte cómo enfrentar desafíos tan grandes. Enfrentarlos con paciencia, dominio propio, sabiduría y sobre todo, con amor, sin guardar nada en el corazón que pueda estropear la labor del llamado.

El apóstol Pablo es un gran ejemplo de todos los retos y desafíos que se enfrentan en el ministerio, quiero mencionarte algunas de esas dificultades que tuvo y que se parecen mucho a lo que podemos estar pasando.

EL RECHAZO

Desde el momento de su conversión, el apóstol Pablo, del linaje de Israel —hebreo de hebreos, como él mismo se describió—, tuvo que enfrentar el duro rechazo de las mismas personas con las que con tanta vehemencia perseguía a los cristianos. Al no seguir más sus costumbres y prácticas extremistas de acabar con los cristianos fue visto como un traidor. Estoy segura que, como humano que era, su corazón se dolió, pero fue firme y estimó todas las cosas pérdidas como basura, a fin de ganar a Cristo (Filipenses 3:4-8).

En ocasiones, los mismos cristianos lo rechazaron; la desconfianza hacia él fue por el temor que había sembrado en los creyentes por la persecución y la manera en la que los maltrató, pero aun viendo su conversión, lo excluían de ciertos círculos cristianos, uno de ellos, los corintios, que pusieron en duda su apostolado (1 Corintios 9:1-2).

¡Qué dolor habrá sentido Pablo al ser rechazado por su familia judía, pero que dolor más grande debió haber sido, ser rechazado por la familia en Cristo! Es una realidad dura para quienes hemos decidido obedecer el llamado de Dios, el rechazo de ajenos, pero más aún el rechazo de los que amamos: nuestra familia carnal y nuestra familia en Cristo. Pero como Pablo, debemos entender que ningún aprecio humano vale más que el de Jesús que nos ha llamado.

LA OPOSICIÓN

Pablo enfrentó oposición a su ministerio durante el tiempo que viajó a muchos lugares para predicar. Me atrevo a pensar que muchos de los que lo acusaban falsamente y se juntaron para ponerlo en prisión en Tesalónica, fueron principales sacerdotes y ancianos que lo conocían muy bien y no querían que el evangelio se siguiera expandiendo; así que acusarlo injustamente fue una manera de querer detenerlo, mas no lo lograron. En muchas ciudades donde Pablo predicaba el evangelio fue acusado por las autoridades, pero Dios siempre tuvo cuidado de él (Hechos 17:1-9). Incluso estando en prisión, jamás dejó de predicar el evangelio pues sabía que debía cumplir su llamado.

Durante todo su ministerio, el apóstol tuvo oposición, así que no será diferente en el nuestro; vendrán muchos obstáculos a manera de problemas o personas que querrán estorbar tu ministerio, pero debemos persistir, soportar las acusaciones, las murmuraciones, y sin importar nuestra condición, esforzarnos para que el evangelio de Cristo siga avanzando, pues Él tendrá con nosotros el mismo cuidado que tuvo con su siervo Pablo.

EL ABANDONO

Pablo, quien había tomado por compañero a

Bernabé, jamás pensó que su compañero de milicia lo abandonaría, pero un desacuerdo por llevar a alguien más a su viaje misionero, los hizo separarse (Hechos 15:36-41).

Los desacuerdos siempre pueden traer como resultado una división. Sin duda creo que Pablo sintió tristeza al darse cuenta de que Bernabé lo dejaría. En ocasiones damos por sentado que las personas que están a nuestro lado y que por un tiempo son quienes te hacen fuerte en tu ministerio, siempre estarán allí, y la realidad es que el día menos pensado, por no estar de acuerdo en algo contigo, simplemente se irán.

Pablo no quería llevar a Marcos, pues fue irresponsable y dejó el trabajo incompleto. Así hay muchas personas: comenzarán el trabajo y lo dejarán tirado, mostrando irresponsabilidad y haciendo la carga más pesada.

Dios siempre tendrá a otra persona para bendecirte con su compañía, con su trabajo y disposición para servir junto a ti en tu ministerio. Dios nunca te dejará solo; algunos se van, pero otros llegarán.

Después de que Bernabé abandonó a Pablo, Silas apareció para acompañarlo y compartió con él los momentos más duros, pero se mantuvieron firmes y con un espíritu sencillo.

LAS ENFERMEDADES

Pablo habla de un aguijón en su carne (2 Corintios 12:7), lo que se entiende que sufría de una enfermedad crónica que satanás quería usar para que él renunciara a su llamado. Pero el apóstol, lleno de Dios y con tanta pasión por servir a Cristo y que las almas conocieran a ese Dios con quien tuvo un encuentro tan personal, nunca permitió que su mal detuviera su ministerio.

Es fácil que las enfermedades nos hagan desistir de nuestra labor, y es de admirar que Pablo, a pesar de todo, se mantuvo de pie y jamás dejó de trabajar para la obra del Señor. A donde quiera que iba, su afección lo acompañaba, pero jamás la usó como excusa para no cumplir su llamado. Cuando el Señor le dijo: «Bástate mi gracia», creo que Pablo entendió muy bien que Dios lo usaría sin importar su situación. Él simplemente se puso a disposición y siguió trabajando sin descanso hasta sus últimos días.

No estamos exentos de las dolencias, pero no permitamos que ellas obstaculicen nuestro ministerio; recordemos que nuestro trabajo no es en vano y que las enfermedades o tribulaciones de este mundo no se comparan con la gloria que nos espera en el cielo con nuestro Señor y salvador Jesucristo.

LA INDIFERENCIA

En Atenas, Pablo tuvo una experiencia muy diferente a todo lo que había vivido. Allí no le tocó sufrir persecución, sino algo mucho peor: la indiferencia. Su mensaje no parecía despertar ningún interés; las personas parecían estar tan satisfechas con sus vidas, que no necesitaban ningún mensaje evangélico para cambiar nada (Hechos 17:16-34). Eso puso en Pablo cierto desánimo, y en su siguiente parada llegó desalentado, pero Dios que es tan grande, le dio en visión, una palabra que le alentó para seguir con la labor que tenía encomendada (Hechos 18:9-10).

Hoy en día, aún existen países que se oponen abiertamente al evangelio, pero nada es más doloroso que sentir la indiferencia con la que en ocasiones, de manera muy educada, la gente rechaza a Cristo y Su Palabra. Más triste aun, que a veces quienes conocen a Cristo sean insensibles al mensaje y toman para sí solo lo que se acomoda a su manera de pensar. Con todo, no debemos desistir, debemos seguir cumpliendo nuestro llamado, sembrando la semilla, confiando en que el Señor traerá el crecimiento.

PROBLEMAS CON RELACIONES MINISTERIALES

Ya hablamos sobre el problema que Pablo enfrentó

con su amigo Bernabé. Como ministro necesitaba a alguien que no dejara sus responsabilidades a la primera dificultad que se le presentara, esa fue la razón por la que no estaba de acuerdo con que Bernabé llevara a Marcos, pues él lo había defraudado en su anterior viaje misionero, y no estaba dispuesto a arriesgar la siguiente travesía. Marcos no tuvo una segunda oportunidad por el apóstol Pablo. Así que Bernabé le dio esa segunda oportunidad, pero apartándose de su amigo, Pablo.

A mi punto de vista, no es que uno u otro estuvieran mal, simplemente es que Bernabé estaba preocupado por Marcos, y Pablo estaba protegiendo y asegurando la misión. Los ministros deberíamos aprender a distinguir entre una diferencia doctrinal y una que tiene que ver con nuestro carácter, creo que eso nos ayudaría a tener mejores relaciones ministeriales y menos separaciones conflictivas. Pablo no terminó su relación con Bernabé porque supo que su enfoque había cambiado y cada uno debía servir al Señor de acuerdo con su llamado. Pero ambos, aunque tenían un enfoque diferente, tenían en común que servían al mismo Señor y el propósito al fin era el mismo: que la gente conociera a Cristo.

No deberían existir las competencias ni las divisiones entre ministros, sobre todo si el propósito es alcanzar almas para Cristo. No te alejes de otros ministros porque tienen un pensamiento diferente, solo piensa que su enfoque es distinto y que Dios guiará a cada uno de acuerdo con su plan y propósito. No puedes hacer nada para cambiar lo que está mal en su ministerio, pero sí puedes hacer algo para perfeccionar y cumplir el tuyo.

Existen tantos desafíos y retos que enfrentamos y seguiremos enfrentado en nuestro ministerio, que solo te puedo decir que hagas lo que hizo Pablo: Enfréntalos siempre llevándolos a Dios primero en oración, después deja que Él mismo te dé las palabras y los tiempos adecuados para resolver. Vuelve a orar y presta atención, tal vez el Señor te diga que permanezcas en silencio y veas cómo Él te defenderá. Vive cada reto, abre bien tus ojos y oídos, porque una gran lección estás por aprender, y estarás dando un paso más a la madurez y gracia ministerial. Ten ánimo y lucha, porque el Grande prometió defenderte, y te aseguro que así será. Como el apóstol Pablo, sigue trabajando hasta el cansancio, y que no pongas un pretexto para parar, solo sigue.

OREMOS JUNTOS

Señor amado, te damos gracias por todo, aun por las aflicciones, porque en ellas podemos ver tu gloria y poder moviéndose en maneras sobrenaturales. Gracias porque eres mi abogado y mi defensa; gracias por haberme llamado y darme el privilegio de ser tu siervo. Ayúdame mientras camino en el cumplimiento de mi llamado. Fortaléceme, lléname y defiéndeme de cualquier cosa que quiera estorbar mi ministerio. Amén.

Reflexión

....
....
....
....
....
....
....
....
....
....
....
....
....
....
....

Reflexión

....
....
....
....
....
....
....
....
....
....
....
....
....
....

CAPÍTULO 10
ÉXITOS VIVIENDO
EN EL LLAMADO

«Y sabemos que a los que aman a Dios, todas las cosas les ayudan a bien, esto es, a los que conforme a su propósito son llamados.» Romanos 8:28

Este versículo nos puede ayudar a cambiar nuestros pensamientos negativos durante un periodo de prueba, a una profunda convicción de victoria asegurada. Aquellos que hemos sido llamados y nos mantenemos amando a Dios profundamente tenemos esta hermosa promesa: que después de cada prueba, tribulación, enfermedad, abandono, y tantas otras dificultades que vendrán, viene una gloria que nos traerá bendición.

A lo largo de nuestra vida y ministerio hemos

aprendido que esta palabra es una realidad. Sí, las pruebas has sido duras, caóticas, frustrantes. Nos hemos sentido desesperados, sin fuerzas y muchas veces solos, pero cuando recordamos que todo eso trae detrás algo bueno, respiramos y hacemos de este versículo el aliento de fortaleza que necesitamos para seguir de pie.

Dentro del ministerio o liderazgo experimentamos cosas que pueden llevarnos a extremos emocionales negativos, pero también otros en los que puedes ver la mano poderosa y sobrenatural del Señor, respaldándonos, sanándonos, fortaleciéndonos, defendiéndonos y amándonos. Ver almas que conocen a Cristo, matrimonios restaurados, jóvenes volver a la iglesia y reconciliarse con el Señor, ver a muchos crecer y seguir el propósito de Dios; estos son los grandes éxitos que lograrás al cumplir tu llamado. Allí es donde entonces puedes recordar los tiempos difíciles y reconocer que todo eso que parecía malo, al final trajo cosas maravillosas.

Cada uno de los personajes bíblicos de los que hemos hablado tuvo grandes logros, victorias y tiempos de celebración y triunfo, después de cada dificultad. En este último capítulo quiero contarte cómo es que he aprendido a vivir en el llamado, teniendo éxito a pesar los obstáculos y dando gracias a Dios por cada batalla.

PERSEVERAR EN MEDIO DE LA DIFICULTAD

Perseverar significa mantenerse firme y constante en una manera de ser o de obrar. No hay manera de lograr metas y propósitos si no puedes ser perseverante; ya que, si llega la dificultad y permites que el desánimo se anide en tu corazón, dejarás de hacer lo que tienes que hacer y no podrás tener éxito en tus proyectos.

«El hombre de doble ánimo es inconstante en todos sus caminos.» Santiago 1:8

No te detengas, no dejes ningún trabajo a medias, sigue adelante cumpliendo tu llamado, aunque en ocasiones sientas que tus fuerzas se agotan, te aseguro que cuando eso pase, Dios llegará a tu rescate y te dará nuevas fuerzas, pero debes ser firme y constante, trabajando siempre hasta que veas la obra terminada y puedas ver los frutos de tu labor.

Cuando mi esposo y yo estuvimos haciendo los trámites para la visa de los Estados Unidos, tuvimos muchos momentos de frustración: las citas para pasaportes estaban tomando mucho tiempo, un dato en el acta de matrimonio era incorrecto y teníamos que ir a sacar uno nuevo, completar el dinero para poder pagar la cita al consulado americano, y muchas otras cosas que se convirtieron en obstáculos que nos desanimaban y nos incitaban a rendirnos; pero luego cobrábamos ánimo y seguíamos adelante. Por fin llegó el día de la cita, y nos negaron la visa, alegando que en una hoja hacía falta información que ellos requerían, y que si queríamos la visa, tendríamos que pagar nuevamente por otra cita y regresar con lo que faltaba. Para nosotros fue un golpe muy grande, sentíamos que todo ese nivel de estrés no había servido para nada y ya no estábamos dispuestos a intentarlo nuevamente. Pero algo nos decía que no dejáramos de intentar, así que dos meses después volvimos al consulado, trayendo la información; pero el agente que nos atendió nos dijo:

—Voy a negarles la visa.

En esos segundos me sentí desilusionada y tenía muchas ganas de llorar. Pero justo cuando estábamos recogiendo nuestros papeles de debajo de la ventanilla, el agente que nos había atendido la vez anterior y que estaba en la ventada de al lado, alcanzó a mirarnos y se acercó a su compañero y le hizo una señal para que se alejaran un poco y pudieran hablar, al mismo tiempo que con su mano nos hizo a nosotros una señal para que esperáramos.

Pasaron dos minutos, no sabemos qué fue lo que hablaron, pero el agente regresó y nos pidió nuevamente los pasaportes, les puso un sello y nos dijo con un tono seco y arrogante:

—Les fue aprobada la visa.

Nosotros estábamos algo confundidos, pero mi esposo volteó a verme, y con el humor que lo caracteriza, me dijo:

—Vámonos, no vaya a ser que nos vuelvan a decir que no.

Salimos y cuando tratamos de pensar en lo que había pasado, me di cuenta de que la perseverancia durante tiempos difíciles siempre traerá logros y éxito, y el éxito solo se puede apreciar cuando el camino fue difícil, es por eso que te animo:

Mientras hay tormenta, persevera.
Mientras hay enfermedad, persevera.
Mientras muchos te abandonen, persevera.
Mientras hay escasez, persevera.
Mientras te sientes cansado, persevera.
Mientras que la tristeza te agobia, persevera.
Porque solo el que persevera alcanza la meta y logra el éxito.

MANTENER LA PASIÓN POR DIOS

Entiendo la pasión como un sentimiento intenso por alguien o algo, un sentimiento que te hace hacer lo que sea posible para lograr lo que te propones.

Hablando del ministerio y liderazgo, creo que es

fundamental tener pasión por las cosas de Dios, como el primer amor que nunca debemos perder: ese tiempo en el que esa pasión por Cristo nos hacía querer que todos lo conocieran como nosotros, o queríamos hacer todo en la iglesia porque teníamos afán de que Él se agradara de nosotros. Ese tiempo en el que nuestro momento de oración era prioridad en nuestra vida y queríamos llenarnos del conocimiento de Su Palabra. Aquí es donde creo que radica el mantener esa pasión por Dios y el llamado, la oración y la lectura de la Biblia.

Mientras más conoces a Dios, más te apasionas por Él y por todo lo que tenga que ver con Él. Si descuidamos nuestra comunión con Dios, sobre todo en estos tiempos donde tantas cosas pueden tomar prioridad en nuestra mente y corazón, la pasión por Él poco a poco se desvanecerá y perderemos el interés por la obra del Señor. Conozco muchas personas a quienes vi apasionadamente sirviendo en la iglesia y de repente comenzaron a ser inconstantes, su enfoque en las cosas de Dios cambió por cosas materiales y superficiales, a tal grado de que se les hacía normal ir de vez en cuando a la oración o estudios bíblicos.

En una ocasión, una persona que era muy apasionada y activa dentro de la iglesia, vino a nosotros a pedir oración por un trabajo y poco tiempo después, volvió, diciendo que el Señor ya le había dado uno, pero el problema era que tendría que laborar en días de servicio en la iglesia, así que no podría asistir regularmente.

Vimos cómo su comunión con Dios fue menguando, como el no asistir a la iglesia afectó su estado espiritual al punto de ya no sentirse mal por no hacer las cosas a las que Dios le había llamado. La pregunta es: ¿de verdad Dios le daría un trabajo que le robaría el tiempo para Él?, ¿o simplemente fue su desesperación, su mala decisión, la que hizo que su pasión fuera afectada?

Me encanta lo que dice el Salmo 91:14:

«Por cuanto en mí ha puesto su amor, yo también lo libraré; lo pondré en alto, por cuanto ha conocido mi nombre.»

Nuestra pasión por el Señor nos lleva a ponerlo sobre todas las cosas, y por lo tanto darle prioridad a su llamado en nuestra vida, porque al mantenernos en el servicio con pasión, disfrutamos de las bendiciones que Él ha preparado para nosotros, sabiendo que en Su amor, Él tendrá a bien, guiarnos, guardarnos y librarnos.

Si quieres mantener la pasión, necesitas tiempo a diario con tu Padre. Darle tiempo a la oración te ayuda a mantener una perspectiva correcta de tu vida y ministerio. Conocer Su Palabra continuamente te mantiene firme en tu fe y te ayuda a conocer cuál es la voluntad de Dios para ti, entendiendo la fidelidad y el poder transformador de Cristo. Involucrarte en la iglesia te ayuda a sentir placer en servir a otros y te da la certeza de que tu llamado viene de Él. Si eres inconstante en la oración, la lectura de la Palabra y tu asistencia a la iglesia, esa pasión está en peligro de desaparecer. Tener tiempos privados con tu Creador mantendrá tu pasión por hacer todo con tal de agradarle. Leer y escudriñar Su Palabra mantendrá tu pasión por hacer Su voluntad. Ya que la pasión es la que te hace hacer las cosas con ánimo, alegría y excelencia: ¡Nunca pierdas la pasión por Cristo!

CUIDADO ESPECIAL EN TU RELACIÓN CON EL ESPÍRITU SANTO

Conocer al Espíritu Santo es una labor que requiere atención, tiempo y dedicación. La persona del Espíritu Santo tiene el trabajo de guiarnos, consolarnos y redargüirnos de pecado. ¡Qué batalla tiene el Espíritu cuando nosotros damos más entrada a los deseos de nuestra carne, cuando no nos dejamos consolar, no nos dejamos corregir o guiar por Él y más aún, menospreciamos Su Presencia!

«Y no contristéis al Espíritu Santo de Dios, con el cual fuisteis sellados para el día de la redención.»
Efesios 4:30

Si tuviera que elegir un tiempo en el que descuidé mi relación con el Espíritu Santo, tendría que decir que fue cuando me convertí en madre. Hoy puedo reconocer que usaba mi rol de mama, como un pretexto para evadir la responsabilidad de mi llamado. Esto lo digo avergonzada, pero ha sido una realidad, y creo que muchas mamás se identificarán conmigo.

Los primeros tres años de vida de mis hijos, han sido para mí, los más difíciles y cansados; ellos consumen la mayoría de mi tiempo cambiando pañales y preparando biberones a cada rato, los baños, las visitas al doctor, etc. Tengo que reconocer que dejaba que el cansancio me consumiera y que no administraba bien mi tiempo. No solo mi cuerpo físico se sentía cansado, sino que también mi espíritu, pues a medida que el agotamiento me dominaba, descuidaba también ese valioso tiempo con el Espíritu de Dios que me mantenía firme y fuerte.

Con mi última hija, que en este momento tiene un año y medio, sufrí este proceso, y esto me llevó a desconectarme un poco de mis actividades de la iglesia. Dejé de ayudar a mi esposo a predicar, dejé de ayudar con la guitarra y solo eventualmente cantaba en el coro; la convivencia con el grupo de mujeres también pasó a un segundo lugar; cosas que antes me deleitaba en hacer, ahora eran como un peso para mí, y mi excusa era que COVID-19 había desconectado a todos y que mi bebé me necesitaba y mi tiempo era para ella.

La pandemia provocó un duro golpe a la convivencia en la iglesia, y mi bebé requería mi atención al cien por ciento, pero era mentira que la causa de alejarme de mis responsabilidades de iglesia fuera esa. La verdad es que la falta de tiempo con el Espíritu Santo me había robado el ánimo para servir y continuar mi llamado. Tuve un descontrol total en la administración de mi tiempo y siempre pensaba: «Mañana tengo que volver a comenzar», y cada día tenía el mismo pensamiento y no lograba nada. No me di cuenta de que aun mi tiempo devocional con mi esposo y mis hijos mayores lo había descuidado, y ellos por no molestarme, se quedaban callados; muchas veces, mientras yo trataba de descansar, ellos oraban sin mí.

Hasta que un día, el Espíritu Santo me habló por medio de un sueño. En ese sueño, me veía desesperada porque no encontraba a mi familia, les gritaba con fuerza, pero no me escuchaban, hasta que de repente logré ver a mi hijo Ian, y cuando me miró, corrió y me abrazo. Le pregunté cómo se habían perdido, y me dijo:

—Mami, la que se perdió fuiste tú, y nosotros te estábamos buscando.

Desperté de ese sueño y sentí que mi espíritu estaba quebrantado. Comencé a orar y escuché el susurro del Espíritu Santo decirme: «Sigo aquí, esperando».

Me di cuenta de que mi falta de comunión me había quitado el ánimo, y me determiné a volver a esos tiempos de calidad con Dios y el Espíritu Santo, me propuse administrar mejor mi tiempo, de modo que no tuviera que dar lugar a los pretextos.

Me convencí de que sin la comunión con el Espíritu Santo de Dios no podría sobrevivir espiritualmente.

Volviendo a Efesios 4:30, en la Nueva Traducción Viviente, encontramos que podemos entristecer al Espíritu Santo con nuestras actitudes y pensamientos incorrectos, los cuales no permitimos que sean renovados constantemente por Él. Permítele al Espíritu Santo tener control de tu vida, pero tú controla tu tiempo para que, dentro del afán de cada día, tengas un tiempo especial y apartado para Él.

Es el Espíritu Santo quien tiene las señales que te llevan seguro a tu destino. Es el Espíritu Santo quien tiene el abrazo que alivia todas tus angustias. Es el Espíritu Santo quien te convence de que estás en un error, cuando nadie más puede hacerlo. Es el Espíritu Santo quien te sostendrá con fuerza cuando llega el temor y la duda.

Así que mantengamos con especial cuidado la atención y el tiempo que le damos. No lo hagamos a un lado ni menospreciemos su presencia y no demos por hecho que Él está con nosotros, solo por el hecho de llamarnos cristianos y asistir a una iglesia.

Te aseguro que lograrás éxitos inimaginables en tu vida y ministerio, si tan solo una parte valiosa de tu tiempo diario se la regalas a Él.

LLENA TU CORAZÓN DE AMOR Y PERDÓN TODOS LOS DÍAS

Hablemos un poco sobre cómo el perdón te ayuda a tener éxito en todas las áreas de tu vida, pero sobre todo en el liderazgo y ministerio. Hay tantas cosas que te pueden ofender, y tantas personas que te pueden lastimar que, si en tu corazón hay falta de perdón, no solamente puedes caer en amargura, sino que terminarás fracasando en tu ministerio, porque las buenas relaciones son parte esencial en esta carrera, y si en tu corazón no hay ese amor sobrenatural de Dios y abundante perdón, las relaciones con hermanos o amigos pueden verse seriamente fracturadas.

No esperes que los que te aman y a quienes amas, no te ofendan, porque aun ellos —tal vez sin querer— lo harán; pero debemos aprender que estamos bajo la misma condición carnal que ellos, que así como nos lastiman y ofenden, nosotros también lo hacemos.

He aprendido que no puedo exigir una perfección que yo no puedo dar; siempre que me siento ofendida o herida por alguien, pienso en las veces que también yo he lastimado a otros, como dice: Santiago 3:2

«Porque todos ofendemos muchas veces. Si alguno no ofende en palabra, este es varón perfecto, capaz también de refrenar todo el cuerpo.»

No puedo tener control sobre las cosas que los demás hacen y me lastiman, pero sí puedo tener control sobre lo que guardo en mi corazón.

Así que perdona a aquellos que murmuran contra ti, que levantan acusaciones falsas, que te traicionan y abandonan, que te golpean con palabras mal intencionadas y aun los que luchan para causarte un mal por el hecho de que sirves a Dios.

¿POR QUÉ DEBEMOS OTORGARLES EL PERDÓN?

Porque el perdón es una responsabilidad que tenemos los que decimos tener a Cristo en el corazón. Porque perdonar es amar. Porque necesitaremos practicarlo toda nuestra vida.

«Soportaos unos a otros, su alguno tiene queja contra otro. De la manera que Cristo os perdono, así también hacedlo vosotros.» Colosenses 3:13

«Un mandamiento nuevo os doy: que os améis unos a otros; como yo os he amado, que también os améis los unos a los otros.» Juan 13:34

Encontramos dos cosas que deben ser una práctica constante en nuestra vida: el perdón y el amor. Perdonar las ofensas mantiene nuestro corazón libre de cargas; y el amor es aun una responsabilidad mayor, ya que Dios nos pide que amemos a los demás como Él nos ha amado. Y ¿cómo es que Dios nos ama? Él nos ama a tal grado de hacernos el bien todos los días, a pesar de haberlo ofendido y de haberlo llevado a la cruz. ¡Qué difícil es perdonar a quienes nos hieren y seguir viéndolos a la cara, o mas aun, hacerles un bien después de eso!; pero esa es la manera en que el Señor nos ama y perdona, y la que nos pide que amemos y perdonemos.

Debemos perdonar porque más de una vez también necesitaremos ser perdonados. Así que llena tu corazón de ese amor sobrenatural de Dios, porque solo ese amor es capaz de lograrlo sin dejar resentimiento en el corazón. Y créeme cuando te digo que dentro del ministerio necesitas valor para pedir perdón humildemente, cuando sabes que ofendiste a alguien. También si perdonas tendrás éxitos maravillosos y ganarás amigos verdaderos, al mismo tiempo que estarás mostrando el amor verdadero de Cristo en ti. Cuando llenas tu corazón de estas dos cosas, sin olvidarte de practicarlas, estarás haciendo una siembra de la cual recogerás grandes frutos.

HAZ CONMIGO ESTA ORACIÓN

Señor del cielo y de la tierra, hoy te ruego que tu gracia sea puesta sobre mí, que las situaciones difíciles nunca me detengan de cumplir mi llamado, que mi pasión por ti nunca se haga pequeña. Te ruego que me ayudes a administrar mi tiempo, de manera que tu Espíritu Santo tenga un lugar especial, y que me llenes de tu amor y tu perdón, para que mi corazón siempre esté vacío de resentimiento, y pueda amar a los que me llamaste a servir; que ame a mi prójimo, así como tú me amas. Quiero sembrar lo que quiero recibir. Ayúdame, Señor, te lo ruego, en el nombre del Padre, del Hijo y del Espíritu Santo. Amén.

Reflexión

....
....
....
....
....
....
....
....
....
....
....
....
....
....
....
....
....
....

Reflexión

....
....
....
....
....
....
....
....
....
....
....
....
....
....
....
....

Pude escuchar tu voz

Pude escuchar tu voz
en el silencio profundo de la noche, cuando todo descansa
en el estruendo de una tormenta, cuando el terror me invadía
en el canto de las aves que susurraban la inmensidad de tu creación
en lo que veo y en lo que no puedo ver
en lo que palpan mis manos y en lo que no puedo tocar
en el aliento que respiro por la mañana
mientras todo estaba en paz, pero también cuando la tribulación me ahogaba.

Pude escuchar tu voz
cuando los ruidos a mi alrededor parecían ensordecerme
esos ruidos que me desenfocaban, me aturdían y me desesperaban.

Pero logré guardar silencio dentro de mí, y pude escuchar tu voz
pues tu voz tan firme y llena de autoridad, pero al mismo tiempo tan suave y llena de dulzura, fue más fuerte que todo el ruido y las demás voces a mi alrededor.
Me llamaste por mi nombre y quedé atrapada en tus cuerdas de amor.

Me resistía, pero me seguías llamando, y tu voz se convirtió en la melodía más indispensable para mi corazón.

Escuché tu voz, y decidí seguirla, pues es tu voz mi dirección, mi fortaleza y mi sustento.

Seguiré escuchando ruidos, voces y estruendos, pero hoy puedo distinguir tu dulce voz entre todo eso.

Aprendí a quedarme callada para escucharte; y cuando me equivoqué, nunca dejaste de hablarme, pues tu voz siempre será mi corrección, mi sustento y mi guía.

En el calor del sol que me abraza
pude escuchar tu voz.

Gracias, Dios, porque entre tanta gente en el mundo que también puede oírte hablar, yo soy una de esas que pude escuchar tu voz.

LA VOZ DE SU LLAMADO

Hay tantas voces hablándonos alrededor,
pero ninguna tan especial como la voz de Dios.
Si entre tanto ruido logras escucharla,
es porque te está llamando.
Si la oyes, síguela.

Es su voz que te llama,
deja que sea más fuerte que tu temor.
Moisés dudó que él sería un libertador,
pero la voz en la zarza fue la melodía que le dio valor.

Es su voz que te llama.
Si pides señal, la escucharás otra vez.
Como Gedeón, que no se sintió preparado,
pero el vellón fue la señal, que confirmó su llamado.

Es su voz que te llama,
deja que sea la paz que perdona tus pecados.
Como David sintió que el llamado no merecía,
pero Dios mucho lo amó, y por eso su llamado
obedecería.

Es su voz que te llama,
aun si en un pozo profundo has estado.
Como José, que en esclavitud fue formado,
y grandes cosas por su gracia habría logrado.

Es su voz que te llama,
aún si de Él has renegado.
Como Pablo que de perseguidor de cristianos
en perseguido se convirtió, por amor a su llamado.

Y si entre tantas voces
la de Dios escuchas
es porque Él te está buscando.
No te resistas, Él te está llamando.

Si la escuchas,
no tengas temor del pasado.
Si la escuchas,
siéntete privilegiado.
Si la escuchas,
simplemente corre a su llamado.
Si la escuchas,
deja que su voz sea la melodía que te guía
Pues si su voz escuchas y la sigues, siempre tendrás
vida.

ACERCA DE LA AUTORA

Gabriela Amaya Rodríguez nació en un pequeño pueblo llamado La Soledad, en el municipio de Canatlan, Durango, México. Obtuvo un grado como técnico agropecuario y posteriormente estudió y se graduó de teología en la Escuela Bíblica Bethsaida, en México, y continúa sus estudios en la *Global University*, en los Estados Unidos.

Ella está casada por más de quince años con Ricardo Amaya, con quien tiene dos hermosas hijas, Valery y Gianna, y un hijo llamado Ian.

A la fecha, ejerce junto a su esposo, el ministerio pastoral en la ciudad de Hollister, California, donde también reside, y se dedican a compartir talleres y conferencias en su propia iglesia y en otras instituciones donde son invitados. Es apasionada por enseñar de Cristo, sobre todo a las nuevas generaciones, y dedicada a mostrar, a través de su experiencia, lo maravilloso que es escuchar la voz del llamado de Dios para decidir seguirlo y obedecerlo.

Ella es miembro destacado de la *Academia Guipil: Escribe y Publica tu Pasión* y miembro destacado de la *Comunidad Mujer Valiosa*.

Para más información y contacto escribe a:
Gabriela Amaya
gabyamaya17@icloud.com
EditorialGuipil.com/Gabriela

NOTAS

NOTAS